Collection J'accuse

DIRIGÉE PAR MARIE AGNÈS COMBESQUE

Jocelyne Sauvard

Quinze ans, la mort au bout du couloir

SYROS
jeunesse

Catalogage Électre-Bibliographie
Sauvard, Jocelyne
Quinze ans, la mort au bout du couloir.– Nouv. éd.– Paris : Syros, 1998. « J'accuse »
ISBN 2-84146-724-4
RAMEAU : ouvrages pour la jeunesse
DEWEY 812 : La société aujourd'hui
Public concerné : Adolescents (à partir de 13 ans)

En tête à tête

C'est après avoir lu le rapport d'Amnesty International « Des mineurs dans le couloir de la mort aux États-Unis » que je suis entrée dans l'histoire de Troy Dugar et de Sandra Anderson, les deux plus jeunes condamnés, âgés de quinze ans au moment des faits.

*Amnesty m'a fait parvenir un reportage vidéo réalisé en 1991 par l'antenne de Londres (par souci de neutralité chaque section de l'organisation n'étudie que des cas qui n'émanent pas de son pays d'implantation) et, durant neuf minutes, défilent de courtes séquences : interviews du psychiatre, de l'avocat, du district attorney, de l'*assistant-warder *(qui attache les condamnés sur la table de mort en cas d'injection au* lethal*) et de Troy.*

J'ai donc ainsi vu Troy en tête à tête, par le biais de l'écran. Cela a été un grand choc.

Aujourd'hui, les faits remontent à sept ans. Dans ce reportage, Troy est donc un jeune homme ; avec une bouille de gamin.

Après quelques jours, j'ai revisionné la cassette. À plusieurs reprises. Arrêts sur image, retours en arrière m'ont permis de scruter les murs, la cellule, la roulante. Des détails qui m'avaient échappé dans la vivacité du reportage sont apparus : le contenu du plateau, les chaînes aux pieds quand Troy descend l'escalier.

Arrêt sur visage, arrêt sur sourire, arrêt sur Troy qui éclate d'un rire bruyant et lève les bras. Arrêt sur sa photo d'enfant. Arrêt sur ses yeux, obscurs, noyés dans sa figure de gros bébé.

J'ai repassé la courte séquence pendant laquelle il semble en proie à des hallucinations et raconte sa confrontation avec le juge.

Troy ne me connaît pas, ne sait pas que j'ai pensé et écrit son histoire chaque jour, pendant plusieurs mois.

Pour Sandra, j'avais beau lire dans le compte rendu « Sandra Anderson, race noire », la représentation mentale qui me venait aussitôt d'après ces deux syllabes « Sandra » était celle d'une adolescente blonde à cheveux longs, en bermuda bleu ! Il a donc fallu que je commence à entrer dans la peau de « Sandra Anderson, race noire » avant d'écrire son histoire. Je l'ai colorée. Je lui ai confectionné une belle coiffure pleine de petites tresses et l'ai matérialisée. Une fille robuste, Sandra. Quand elle a été bien dans mes yeux, je l'ai dessinée. Un petit croquis comme ça. Et puis je me suis baladée avec elle dans ma tête...

Enfin des articles en provenance des États-Unis et d'Amnesty-Londres sont arrivés. Par chance, il y avait une photo de Sandra.

Pendant ces quatre mois d'enquête et d'écriture, je me réveillais parfois à 5 heures 30. Sans tenir compte du décalage horaire ni du temps, je les voyais, couchés en chien de fusil dans leur cellule. À l'isolement. Quinze ans et la mort au bout du couloir...

Le travail que j'ai fait ici en France – enquêtes sur la délinquance et auprès des enfants des prisons, ateliers d'écriture dans les banlieues avec des jeunes venus de tous horizons, de toutes races et de toutes couleurs – s'est incorporé aux silhouettes de Troy et de Sandra et m'a aidée à me glisser dans leur peau.

Il ne s'agit pas de dissimuler la brutalité réelle des actes des deux mineurs. Mais comprendre. Montrer les circonstances qui ont entouré leur passage à l'acte. Dépeindre la lente férocité du processus judiciaire. Dénoncer la peine de mort.

Jocelyne Sauvard

NB. Les actes de Troy Dugar et Sandra Anderson, leur passé, leurs procès, les jugements rendus, les conditions de détention sont réels. Les éléments pratiques de leurs récits reposent sur une base d'informations, de même que le chapitre « Documents et Témoignages ». Les dialogues ou monologues, certains éléments des lieux de vie d'enfance sont bien sûr reconstitués par l'écriture.

Ce livre est dédié à la mémoire des enfants exécutés,
ici et là, par électrocution ou injection.

« Un enfant s'entend de tout être humain
âgé de moins de dix-huit ans. »

ARTICLE PREMIER DU DROIT DES ENFANTS

Sandra

Premier récit

La vieille Mrs Kelb habite une petite maison à Bloomy, au nord-ouest de l'État d'Indiana, à quelques miles du lac Michigan.

Devant la véranda, la pelouse est soigneusement tondue. Il y pousse un genista, gros buisson odorant qui oriente vers le ciel ses grappes de pétales jaune vif. Le samedi après-midi, Mrs Kelb enseigne la Bible aux jeunes du quartier. Son salon n'a rien d'une chapelle, il est meublé de deux canapés à fleurs, quelques fauteuils et de nombreuses chaises en rotin, alignées autour d'une table de salle à manger en bois clair. Face à la fenêtre, on remarque un téléviseur d'un modèle suranné, large et profond, et, juste à côté, une bibliothèque garnie de livres reliés et de revues d'archéologie, d'une pile d'*Acadiana,* le magazine chrétien. Pas de romans.

Derrière ses lunettes à monture d'or, Mrs Kelb a des yeux bleus, pénétrants et gais. Des yeux qui vous regardent jusqu'au fond de l'âme. Mrs Kelb a le teint rose, des cheveux gris, coupés à la serpe. Son maintien est sévère et sa voix sonore.

Elle se tient très droite, debout derrière la table ronde, et, tandis que son regard vous inspecte, on distingue le tic-tac d'une vieille horloge, pendue au mur et flanquée de deux marines encadrées d'une baguette dorée, seules concessions au passé. Il flotte toujours une discrète odeur de fleur d'oranger chez Mrs Kelb.

On ne sait pas si c'est l'arôme dont elle parfume sa crème renversée – une de ses fiertés, bien légitime d'ailleurs, le dessert qu'elle réserve à son petit-fils, quand il vient en visite le dimanche – ou si c'est celui de son eau de toilette. Ou encore un ingrédient propre à Mrs Kelb qui, avec le temps, aurait imprégné ses écharpes, ses robes et jusqu'aux murs de la maison, tendus de papier peint, qui serait devenu partie intégrante de sa personne.

Soigneusement alignés dans la cuisine, sur une étagère, des bocaux de verre remplis d'épices et de tisanes exhibent des étiquettes libellées à l'encre violette. On peut lire citronnelle, camomille, anis étoilé, cannelle, vanille et, enfin, fleur d'oranger.

Après le cours, Mrs Kelb offre à chacun une gaufrette et un verre de jus d'orange.

Samedi, la leçon a commencé. Il fait doux, c'est le mois de mai, le buisson de genista embaume. Dans sa main sèche, constellée de petites taches brunes, Mrs Kelb tient fermement sa bible, recouverte de toile rouge avec, imprimé en creux, en lettres noires : *The Holy Bible.*

Mrs Kelb lit d'une voix forte. De temps en temps, elle lève les yeux et regarde. Son assistance, des filles de Bloomy, en âge de fréquenter encore la *high school,* noires ou métisses pour la plupart.

Au-dessus de ses lunettes pétille une petite lumière bleue qui ressemble à de l'amitié. Comme pour la crème à la fleur d'oranger, Mrs Kelb peut s'avouer légitimement fière. Elle sait tenir son auditoire ! On pourrait entendre une mouche voler.

– *Deutéronome V,* annonce-t-elle d'une voix sonore. « Honore ton père et ta mère, selon ce que t'a ordonné Iahvé, ton Dieu, afin que se prolongent tes jours et qu'il t'arrive du bonheur sur le sol que te donne Iahvé, ton Dieu. »

Sandra, Casey, Jane, Karine et quelques autres filles dardent leur regard noir sur la figure ridée de Mrs Judith Kelb, claire comme une assiette de porcelaine.

Sandra baisse la tête. Ce ton d'autorité pour dire « honore » ! Si elle savait !... Sandra connaît le sens du mot « honneur » – c'est la dignité morale. « Honorer », c'est donc reconnaître, glorifier cette dignité.

Dès qu'elle bouge, le simple fait même de baisser la tête, Sandra sent encore les coups, sur son dos, sur sa nuque, sur ses reins et plus bas. Elle a du mal à rester assise. Courbatue et endolorie jusqu'à la moelle. Tout à l'heure, pour se relever, elle s'y prendra en deux temps, elle glissera un peu sur le côté de la cuisse et se relèvera en pliant les genoux. Son dos est écorché, râpé, couvert de bleus.

Il ne faut pas que Mrs Kelb sache. Elle n'oserait plus dire « honore » avec le même aplomb.

Hier, cela a été pire. À chaque fois, c'est pire. Il a tapé avec le cordon électrique. C'est plus douloureux encore que la ceinture. C'est dur, dedans. Les fils de métal sont serrés sous la gaine de plastique. Ça cingle, avec un bruit sec.

Sandra était attachée au radiateur dans la salle de bains, Elena assommée dans la cuisine. Il avait cogné et cogné la tête d'Elena sur les marches de la cave. Brusquement, elle n'avait plus rien dit. Elle avait cessé de pleurer et de crier. Elle ne résistait plus. Ses yeux étaient fermés. Sandra avait si peur qu'elle s'était laissé lier à son tour, sans résister. Avec la terreur qui faisait exploser son cœur. Elena était morte ! Ce serait son tour après. Tandis qu'il cognait avec son air de brute, ses cris de brute, le désir de se venger avait mordu le cœur de Sandra. L'avait rongé. Un jour, si elle ne mourait pas cette fois, elle lui ferait payer ça !

Mais c'est très mal le désir de vengeance, Mrs Kelb l'a déjà expliqué. Il faut l'enfouir au fond de son cœur. Et ne plus y penser. C'est le démon qui l'envoie. Et il faut lutter contre le démon, le mettre KO, a insisté Mrs Kelb. Pas un muscle de son visage ne bougeait quand, après avoir aplati le démon, Mrs Kelb a fait le geste de délacer d'imaginaires gants de boxe, en descendant du ring. Victorieuse mais modeste. Dans ces occasions, elle regarde chacune avec une expression terrible (destinée au démon qui gît sur le tapis, littéralement écrabouillé). Elle aime bien voir Mrs Kelb prendre des airs féroces, Sandra, quand il est question du péché. Au coin de l'œil bleu, il y a toujours une petite lueur qui s'amuse...

Quand on y pense, Mrs Kelb n'est pas si grande ni intimidante. Ce sont des allures qu'elle se donne. Comme cette habitude de se tenir très droite, c'est pour impressionner. Au fond, elle dépasse à peine le dossier de sa chaise, quand elle se tient, raide, à côté.

La peur tous les jours quand elles entendent ses pas sur les marches, puis la clé. Et puis la haine et le mépris. Mais cela, c'est encore plus mal. On ne doit pas mépriser son père, même s'il est indigne. C'est dit dans les Écritures.

On ne sait jamais quand le drame va éclater. Il plane. Mummy se dépêche d'apporter le riz au safran, avec des moules. Mais ce n'est jamais assez rapide. Ou ça l'est trop. « T'es pressée de m'expédier ! » commence-t-il d'une voix étouffée d'abord, qui enfle brusquement. « Ah ! Ça t'arrangerait bien que je foute le camp ! T'irais t'envoyer en l'air ! » C'est la suite, inévitable. La phrase finit dans un cri. Dans les grands yeux de Mum, la peur est installée.

On ne voit plus que le blanc. Elle se tasse, devient toute petite, elle dit « non », elle fait encore plus vite. Il y a déjà du gris dans sa boule de cheveux crépus. Elle boite depuis l'an dernier, elle ne s'est jamais vraiment remise, depuis l'« accident ». Sur ses jambes autrefois si sombres et si belles, des traces claires et des nœuds bleus tracent une carte en relief des fureurs de cet homme, qu'il faut bien appeler du nom de père. Faute de mieux.

Le soir Casey, Karine et Jane sont venues au rendez-vous. Devant le drugstore. C'est toujours éclairé sur le parking. Toujours un peu de va-et-vient, des bruits de moteurs. C'est un peu un lieu de ralliement pour les jeunes du secteur, à cause de la boîte de jeux. Le reste du quartier rectiligne et uniforme est déjà plongé dans l'ombre. Complètement mort.

À l'épicerie italienne, celle qui ferme tard et vend du fromage blanc trempant dans son petit lait, elles avaient acheté une bouteille de vin. Le marchand l'a enveloppée dans une poche en papier gris, craquant. Elles se sont adossées au mur de la laverie, une jambe repliée sous les fesses. Toutes, quinze ans. Les mèches soigneusement séparées par des sentiers symétriques se terminent par un petit balai tirebouchonné. Sandra est l'aînée. Quinze ans et neuf mois. Et une sacrée expérience de fugues et de galères ! Depuis l'âge de dix ans, elle fait la route. Rien ne l'arrête. Pas froid aux yeux, Sandra, et de l'autorité. C'est un peu le chef. Costaud et débrouillarde, on l'écoute.

Son système, pour la fugue, est au point. Elle part à l'heure ordinaire de l'école, avec la seule différence qu'elle reste dans le bus jusqu'à la pompe à essence. Là elle descend et fait du stop. Des panneaux partout l'interdisent : *Strictly forbidden to solicit a ride.*

Mais, comme on dit ici, « les parents le défendent, mais les gosses le font, de toute façon », et les meilleures routes pour le faire sont la 40, la 41 et la 31. Et la pompe à essence est justement sur la 31. Sandra s'approche d'un camion prêt à repartir, après le plein. Elle raconte une histoire au chauffeur, qu'elle va voir sa mère à l'hôpital d'Indianapolis. Ça marche, en général. De toute façon, elle a moins peur du stop que de ce qui se passe à la maison. Les policiers l'ont ramenée plus d'une fois chez elle. Elle s'est fait tabasser à mort. Elle est repartie.

À son actif, elle a des stages dans des hôpitaux de la région, dans les centres médico-pédagogiques pour enfants perdus, mais on ne l'a pas gardée. Elle a même vécu quelque temps à The Hope, un foyer pour délinquants. Elle n'y a pas fait de vieux os ! Elle a « usé » aussi des familles d'accueil où on l'avait placée, par mesure de sauvegarde. En vain ! Policiers, juges ou éducateurs ont toujours fini par la ramener à la maison.

Sandra n'a peur de rien. C'est ce que disent les filles, ici, et c'est pour ça qu'elles la suivent. Sandra ne craint pas le baston ! « Je sais me battre, comme un garçon des rues », elle dit. Et c'est pas des blagues. Elle l'a prouvé.

Devant la laverie, elles ont bu le vin au goulot, en se passant la bouteille enveloppée dans son sac de papier dur. C'est plus discret. Faut dire qu'elles s'étaient passé autre chose aussi avant. C'est Sandra qui avait roulé le joint. Et trouvé le matos. Elle a un plan. La nuit tombait.

Ce qui serait bien, ce serait de partir. En voiture. Sandra conduirait. Elles tailleraient la route. Pour manger ? Elles se débrouilleraient, c'est pas compliqué dans les stations. C'est facile de voler de la nourriture. Sandra connaît.

Les parts de poulet froid sous plastique, par exemple, c'est du gâteau. C'est pas un distributeur comme pour le pop corn ou les donuts. Pas besoin de jeton, c'est sous vitrine. On passe le bras, on soulève le couvercle et le tour est joué.

Mais voilà, où trouver la voiture et le fric ? Elles ont refait circuler l'emballage, bu au goulot encore. C'est pas la première fois, du reste ! Ça commence à devenir régulier. Ça change les idées. De toute façon, à la maison, c'est tous les jours que le père est saoul. Le père, faut plus qu'elle y pense. Sandra a fini le vin. Soudain, elle a une idée.

– La vieille ! braille-t-elle d'une voix un peu pâteuse.

– Quoi ? Quelle vieille ? s'écrient Karine et Casey, comme un seul homme.

– Ben, la vieille Kelb !

– Quoi ? Qu'est-ce qu'elle a, la vieille Kelb ?

– Mais qu'est-ce que vous trimballez ! Seigneur ! Pourquoi je remorque des taches pareilles ? Elle a du blé ! Elle est seule ! Voilà, ce qu'elle a !

C'était tout près. Un bloc à peine à marcher. Sandra a fini la dernière goutte en renversant la tête en arrière. Ses tresses, au-dessus de son sweat, formaient trois petits balais tire-bouchonnés. Elle a dit « go ! » et sa voix était curieusement éraillée et forte. Les autres gamines ne l'ont pas vraiment noté, le vin plus le truc leur tournaient la tête. Ça faisait un mélange bizarre qui faisait bourdonner les oreilles et battre le cœur et donnait envie de crier, de bouger et de taper.

Elles ont sonné à la petite porte vitrée. Mrs Kelb a ouvert aussitôt. Il n'était pas si tard. Elle a relevé un sourcil sévère. Elle se tenait très droite. Raide comme la justice.

– Mais que faites-vous dehors à cette heure-ci ? a clamé Mrs Kelb.

– On n'a pas bien compris la Genèse. On voudrait des renseignements, a hoqueté Sandra d'une voix un peu bizarre.

– Eh bien, a dit Mrs Kelb, en voilà...

Elle n'a pas eu le temps de finir. Elles sont entrées dans le hall en paquet compact, comme une équipe de foot. Elles sont toutes robustes. Sandra avec ses baskets ne faisait pas de bruit. Dans son jogging vert, elle était à l'aise.

– On a besoin de fric ! Tu vas nous en donner, OK ? » a-t-elle beuglé à l'attention de Mrs Kelb, qui est soudain devenue blanche. Et son nez s'est pincé d'une drôle de façon.

– Mais tu as bu ! a répliqué Mrs Kelb d'un ton glacial, tu pues le vin ! Il ne faut pas !

Mrs Kelb, c'est la loi. « Tu ne dois pas. Il ne faut pas. Tu honoreras. »

Sandra a agrippé Mrs Kelb par le col du chemisier, elle aussi a blanchi. De noir son teint a viré au gris.

– Donne-nous ton fric ! On en a besoin, compris ! Elle avait un air menaçant. Elle a serré plus fort.

Mrs Kelb a essayé de se dégager. Sandra, alors, lui a montré le couteau de boucher, ramassé ou volé quelque part, elle ne savait plus. Elle le tenait caché dans la poche de son pantalon de jogging. Elle avait dit sur le parking : « On lui fera peur. » Et c'est alors qu'elle avait montré la lame. « Ça fera un argument de plus pour qu'elle nous file son pognon », avait-elle ajouté d'un ton sans réplique. Les filles avaient approuvé. Seule Casey avait légèrement tremblé, mais elle n'avait rien osé dire. Pas question d'être prise pour une poule mouillée !

En voyant la lame effilée, Mrs Kelb a crié. Sandra l'a secouée. Les mains de Sandra sont fortes, fermes, avec des doigts dodus, aux sillons profonds, des ongles roses, une paume large. Ramassée sur elle-même, elle approchait trop près de Mrs Kelb sa bouille ronde comme une lune noire. Elle tenait la vieille dame serrée.

Mrs Kelb s'est mise à hurler. Et ses yeux chaviraient, sa bouche se tordait. Elle allait ameuter tout le quartier ! Et les flics allaient rappliquer ! Et elles auraient des problèmes avec la famille ! La justice sur le dos ! Et le jugement de Dieu ! Celui de Mrs Kelb ! Alors une des filles a empoigné le vase de céramique qui se trouvait sur la petite table auprès du téléphone et elle a frappé Mrs Kelb. Sur le crâne. Deux fois. Il y a eu un petit filet de sang qui s'est faufilé dans les cheveux blancs. Mrs Kelb est devenue plus lourde, elle a levé un bras, a crié encore. Elle allait les dénoncer ! Les juger ! Alors, à la vue du sang, un voile rouge s'est collé sur les yeux de Sandra.

La colère aveugle, comme le jour où le père, après les avoir tabassées, a... Mummy. Ça, elle ne l'a jamais dit. Et il les a forcées à regarder pendant que... Il faudra payer un jour ! Pour toutes les humiliations ! Elle se l'est juré ! Il faut que quelqu'un paie, pour cette chiennerie ! Sandra a levé sur Mrs Kelb le bras armé du couteau de boucher, elle l'a abaissé de toutes ses forces. La lame est entrée. Elle l'a ressortie, a frappé et frappé encore. Et toujours ce voile rouge qui lui dévorait les yeux. Avec la lame effilée, tout usée, si fine au bout. Son bras allait, venait. Elle ne savait pas pourquoi, ni combien de fois. Trente-trois, a dit le rapport du médecin légiste. Elle a poignardé trente-trois fois Mrs Kelb.

Le sang de Mrs Kelb a coulé sur les mains de Sandra. Il y en avait même sur son sweat vert. Quand elle a été fatiguée, son bras a arrêté. Mrs Kelb gisait sur le sol depuis longtemps. Épinglée comme un papillon dans sa boîte. Le couteau avait transpercé le corps, la moquette, et s'était fiché dans le parquet. « Un carnage », dira son fils en la découvrant le lendemain. La moquette grise était devenue rouge, des éclats de bois du parquet avaient sauté partout, s'étaient mélangés au sang.

Les phalanges de Sandra lui faisaient mal. Elle s'est relevée. « Elle a fini de gueuler ! » a-t-elle laissé tomber en tordant la bouche. Les autres n'ont rien dit. Elles ont cherché le sac. C'est dedans que Mrs Kelb range ses sous. Il était justement accroché au portemanteau, dans l'entrée, à côté de l'imperméable. Au-dessus du porte-parapluies. Une paire de bottes en caoutchouc vert traînaient. En cas de pluie ou de rosée, c'est bien pratique. Et Mrs Kelb jardinait par tous les temps. Elles ont pris le sac à main. Elles sont sorties sans regarder le corps qui gisait à terre au pied de la table du téléphone, une main en l'air comme pour se défendre ou appeler. Le visage rose conservait un air de stupeur. La robe grise était pleine de sang. Mrs Kelb avait perdu un chausson, l'autre elle l'avait encore au pied. Il était imprimé de grosses fleurs bleues. Sous les bas gris, les veines faisaient comme des cordes.

Dans le sac, un carnet, un chéquier, un crayon, un mouchoir, la photo d'un homme jeune, en tenue de base-ball, sûrement son petit-fils, Roger, un mouchoir, des pastilles, deux étuis à lunettes, un porte-monnaie et trois bonbons à la violette. Un article de magazine plié en quatre sur la taille des arbres fruitiers palissés. Et puis les clés de voiture.

Elles ont pris les dix dollars et les clés. Ont abandonné le sac dans l'entrée. Ont claqué la porte, dévalé les marches. La Chevrolet était garée juste devant. Il n'y avait personne dans la rue. À chaque fenêtre on voyait l'écran bleu de la télé. Ce jour-là, il y avait un *reality show,* un peu déshabillé. C'est la mode.

Sandra a ouvert la portière, Casey s'est glissée à son côté. Les autres se sont entassées sur la banquette arrière. Sandra a mis le contact.

La Chevrolet a roulé. Sur la 31, Sandra a pris la direction de Saint-Louis. La patrie du blues. La Chevrolet roulait tranquillement. Personne ne parlait. Au bout d'un moment, elle a fait un petit bruit, le moteur a ralenti, l'aiguille était sur le rouge. Il n'y avait plus de jus. La Chevrolet s'est arrêtée. Karine a dit : « On peut pas rester là toute la vie. » Elles sont descendues. Elles ont marché sur le bas-côté, dans le noir.

« Toute la nuit », avec Mum et Elena, c'est ce qu'elles avaient prévu, ce soir-là. La nuit de l'« accident ». Mum avait mis le moteur en marche, dans le garage. Elles s'étaient serrées toutes les trois, sur la banquette avant. Mum avait dit : « Les gaz nous endormiront. On mourra sans le sentir. » Elles étaient toutes à bout de chagrin, de souffrance, de honte. La veille, le père les avait battues. Puis il s'était jeté sur Mum et l'avait violée, devant ses filles. En les obligeant à regarder. Et ce n'était pas la première fois. Mais cette fois c'était pire. C'était trop. Les pauvres jambes de Mum, pleines de bleus et de cicatrices. Et son visage, hébété de malheur et de honte.

Les foyers d'accueil, les centres pour enfants inadaptés n'avaient jamais fait oublier cette blessure... D'ailleurs, Sandra n'en avait jamais parlé. À personne.

Elle marchait dans la nuit, Sandra, entre Bloomy et le lac Michigan. Sur le bas-côté de la 31, ce 14 mai 1985. Elle venait de tuer une femme. Elle avait transgressé la Loi. Ignoré le sixième commandement. Celui qui vient juste après « Honore » et qui ordonne « Tu ne tueras point ». Sa vie était fichue. Sandra avait quinze ans et neuf mois. Et ce soir, tout d'un coup, elle se sentait si vieille...

Le lendemain, le fils de Mrs Kelb la découvrit baignant dans son sang. « C'était une incroyable boucherie », dit-il.

Sandra fut arrêtée. Emprisonnée dans le Maximum Security Area de la prison de femmes à Indianapolis. Elle plaida coupable. Quand elle eut atteint ses seize ans, le juge Peter W. Moriarty prononça la sentence : peine capitale. Sans même avoir comparu devant un jury, Sandra Anderson attendit dans le couloir de la mort que sonne l'heure de son exécution. Moyen prévu : la chaise électrique.

Épilogue

Le 13 juillet 1989, la Cour suprême d'Indiana considéra que la condamnation à mort de Sandra était « injuste et disproportionnée, eu égard, uniquement, au jeune âge de la coupable, au moment des faits ». Elle l'annula donc mais exigea, en revanche, le maximum d'emprisonnement. La peine fut commuée en soixante années de réclusion.

Troy

Second récit

Premier mai 1987, 15 heures 13.

Aujourd'hui, je vais avoir seize ans. C'est facile à se rappeler comme date, pour un anniversaire, le premier mai. Même Daddy ne l'oubliait jamais. *Happy birthday, Troy.*

Dans exactement trois heures deux minutes et trente-huit secondes, seize ans.

C'est aujourd'hui qu'ils se prononcent.

Pour l'instant, je n'ai encore que quinze ans, onze mois, trente jours et vingt heures cinquante-sept minutes vingt-deux secondes. Est-ce qu'ils vont venir me prendre, dès qu'ils auront décidé ?

Et me tuer, comme ça, tout de suite ?

J'entends un bruit, ça fait clac-clac-clac, ça n'arrête jamais. C'est mes dents qui claquent. J'ai peur. Troy a peur.

Les jurés se prononcent. Aujourd'hui. Les jurés sont en train de se prononcer. Cela s'appelle délibérer. Ils sont en train de régler le sort de Troy Dugar. Mort ou vie.

Dans le couloir, à midi, comme d'habitude, la roulante a grincé.

Le seul bruit de la matinée.

Avec le plateau-repas, la nouvelle a glissé par le sas. Il est rectangulaire, le plateau, en aluminium, avec des creux modelés, un pour le maïs, un pour la platée de haricots, un pour le morceau de bouilli. Le frère black qui apporte le repas l'avait apprise par cœur, la nouvelle, dans le journal. En collant sa bouche au trou, il a récité très vite :

Emprisonné à Angola, Louisiane, l'une des plus grandes prisons des États-Unis, Troy Dugar est jugé aujourd'hui pour le meurtre d'un Blanc, Donald Rogers, âgé de trente et un ans. Si le jury se prononce en faveur de la peine de mort, le jeune criminel deviendra ainsi le plus jeune condamné à mort de l'État.

Il n'a rien ajouté. Un silence sec est tombé dans le trou.

Et le frère a traîné la roulante sur le carrelage, et les roues ont grincé. J'ai entendu le bruit de ses savates qui s'éloignaient. Il s'est arrêté devant l'autre cellule. Il a glissé le plateau en chuchotant, encore plus vite, sans remuer les lèvres, comme on a appris à le faire ici. Et après à l'autre et encore à l'autre. Et à toutes les grilles il l'a dit : *Troy sentenced to live or to die**. Et les mots sont restés accrochés aux grilles du couloir. Les mots du journal. Ceux qui causent du plus jeune meurtrier des États-Unis.

Pas un bruit, le silence m'enveloppe comme un suaire. Aussi épais et gris que les murs. Juste les secondes qui passent.

Quand je serai mort, est-ce que j'aurai un cercueil ? Comment ça fait de ne plus être vivant ? On s'éteint ? Mais on doit étouffer là-dedans, entre les planches !

Et s'ils jetaient mon corps dans la fosse, à même la terre ? Les asticots, alors, pourraient se livrer à leur danse maudite...

Une fois par jour, le bruit de la clé dans la serrure, je le reconnais. La grille s'ouvre. Pour

* Troy Dugar est condamné à vivre ou à mourir.

la promenade. Le reste du temps, j'attends. Couché, toujours couché.

Des fois le *warder** cogne à la grille avec son trousseau : « Redresse-toi, feignant ! Vermine ! » Il gueule ça dans le trou.

Il y a aussi un judas par où il me regarde. Son gros œil de poisson collé derrière la loupe, il me regarde. Je regarde les murs.

Trois pas entre la couchette et la grille, quatre entre la couchette et le lavabo. Coincé dans un cube, Troy.

Le cube est un parallélépipède dont toutes les arêtes sont égales et qui comporte six faces. Ils ont dû se tromper ! Mon cube a trois parois en béton, plus celle qui donne sur le couloir, la grille.

Les barreaux sont renforcés par les plaques d'acier brillant. C'est là qu'ils ont percé le trou, pour faire passer le plateau.

Ça ne me fait quand même que quatre faces. C'est peut-être parce que je suis dedans ? Ils connaissent peut-être pas le cas où on est

* *Warder :* gardien.

enfermé dans un cube... Mais si je compte le sol en béton et le plafond, ça m'en fait deux de plus. Donc, quatre plus deux, ça fait bien six. J'ai mon compte.

De chaque côté du couloir, s'étire une grande rangée de cellules, fermées par des grilles. Dans chaque cellule, recroquevillé, un condamné. Dans chaque grille, un trou, dans chaque trou, deux mains. Elles s'agrippent à la lumière qui coule dans le couloir. Quatre noires, pour deux blanches.

Le sol est gris caoutchouté, les pas s'y étouffent.

Au bout du couloir, la mort.

La grille, elle est complètement opaque, et le sas, en pente. Pas moyen, comme ça, de jeter un coup d'œil par la fente.

Je ne peux même pas voir ce qu'il y a dehors, dans le couloir.

Juste passer mes mains, en faisant attention. C'est très serré, et mes mains sont larges et fortes. Complètement pleines d'écorchures...

Mes doigts agrippent la lumière. Mes mains regardent. Quand elles rentrent dans la cellule, il n'y a plus de lumière dedans. C'est pas comme le phosphore. On avait fait une expérience à l'école. En brûlant la plaque de soufre d'une vieille boîte d'allumettes, on avait récupéré le phosphore. On s'était badigeonné les mains, la figure avec cette espèce de vapeur blanche. Plus on frottait, plus on blanchissait !

Ici, pas besoin de soufre en plus. Ici, je ne peux pas distinguer la lumière qui est restée dans mes mains. Je ne peux pas entendre non plus la vie de l'extérieur. C'est le silence, tout le temps, qui emplit mes oreilles. J'écoute. Rien... Si, un petit bruit répété, caché au fond de mes tympans, toujours le même... Clac-clac-clac.

C'est rien que mes dents.

Mon isolement dure plus de vingt-trois heures par vingt-quatre heures. Dans cette même cellule.

Angola, sa grille, son bat-flanc et son lavabo, son panorama, le trou des WC.

Et pourquoi suis-je enfermé à Angola, la plus grande prison de l'État ? Le juge l'a dit :

*Troy Dugar is a murderer**. Et c'est marqué dans le journal. Et quand on me sort de ma cellule et quand on me rentre, j'ai des chaînes aux pieds et des menottes aux mains. Alors, ça doit être vrai que je suis un criminel. Même si je suis encore un gosse.

La promenade, c'est dans la cour que ça se passe.

Elle est nue, grise, vide. Le sol et les murs se confondent, un peu comme la mer et le ciel. Sauf que là, c'est tout gris. Le *warder* nous fouille avant et après la promenade. C'est un frère. Il ne me regarde pas dans les yeux. Avec les autres gars, on reste alignés, à pas savoir quoi faire. On attend. Que ça finisse.

Ça fait longtemps que je n'ai pas vu le ciel. La dernière fois, il était blanc, il y volait des sarcelles. Le ciel au-dessus de la cour, c'est pas un vrai ciel. Trop blanc, trop bas, c'est comme un toit.

Au fond de la cour, dans le mirador, les flics armés nous ont à l'œil; cachés derrière les vitres blindées de la lanterne. Devant,

* Troy Dugar est un assassin.

derrière, partout, des murs. Et les murs d'enceinte, si hauts, si lisses, électrifiés ! Et les rouleaux de fils barbelés, derrière, électrifiés, hérissés d'épines !

Ils sont là pour dissuader les gars qui voudraient partir. Ils seraient déchiquetés. Et électrocutés, net. Mais ça ne peut venir à l'idée de personne de partir. On ne s'enfuit pas du pénitencier d'Angola. C'est impossible. Faudrait être fou. Pour y penser, simplement.

Et quand je regagne ma cellule, un bout de ciel blanc entre avec moi et reste collé sur le mur.

S'ils ne me tuent pas, je devrai passer toute ma vie derrière ces murs aveugles. Dans cet espace minuscule. Plus je grandis, plus il rapetisse. Supposons que je vive encore soixante ans... Ça fait sept cents mois, vingt et un mille six cents jours ! Et combien de minutes, de secondes ? Plusieurs milliards ! Oh, *Lord* !* C'est impossible !...

* *Lord :* Mon Dieu.

Après les rouleaux de barbelés, après la zone interdite, les plantations. On ne peut pas les voir, mais on sait qu'elles sont là. Sur des miles et des miles.

L'odeur moite de la terre monte par bouffées. C'est beau la canne à sucre, c'est vert. Quand le vent souffle, ça ondule, ça se tord, ça se balance. Ça sent une odeur acide, verte. Et le jus sourd goutte à goutte, comme un sirop trop épais, quand on pince la tige. J'aimais bien les mordiller. Le maïs, c'est un peu pareil sauf qu'il y a des cheveux au bout des épis. Pas frisés, plutôt fluides, avec des crans. Comme ceux de Samantha, quand elle défait ses tresses...

Faut plus penser à Samantha. Je retrouve même pas son visage. Je sais même plus comment était sa voix. Ça faisait comme de la musique. Flûte et guitare électrique.

Ici y'a que des gars. Avec des grosses voix et de la barbe. À part moi et les autres gosses, évidemment, on n'en a pas encore.

On n'en aura peut-être jamais. Ni de barbe, ni de Samantha. Jamais...

Dans mes savates, mes doigts de pied me narguent. Ils dépassent par l'ouverture, ils rigolent, ils se fichent de moi, ils ne sont même plus noirs. Mais crayeux, gris, durs. Avec des ongles recourbés et globuleux. « T'es foutu Troy ! qu'ils semblent dire. Tu vas mourir dans deux heures et quatre minutes. Tu ne seras plus qu'un gros ballot noir étendu sur la table de mort. »

C'est dur de descendre l'escalier avec des savates pareilles aux pattes et les chaînes, en plus. On glisse, on manque de s'étaler. Pas question de s'enfuir, ni même de marcher normalement. On trottine comme des vieux pépés. Et je regarde mes pieds et ils rigolent encore : « Le bègue va te ficeler, mon gars ! » Voilà ce qu'ils me disent.

« Je fff-ais mm-on bbbou-lot », il bafouille, le bègue, en bouclant les sangles sur les gosses condamnés. Sept sangles, il attache.

« Une p-pour le cou, une p-pour les ép-paules, une p-pour le buste, une p-pour la taille, une p-pour les hanches, une p-pour les c-cuisses, une p-pour les genoux, une pour les ch-chevilles. »

Plus une paire de bretelles comme celles des parachutistes, et deux bracelets de pied. Il les compte et les recompte, les sangles, Dwayne. *Assistant-warder**, tu parles d'un boulot ! Il l'aime, en plus ! Et consciencieux avec ça. « M-moi je f-fais ce qu'on me dit, j'y s-suis pour rien ! » Ça a dû lui taper sur la tête, à force.

T'es cuit, mon gars. Tu risques pas de t'échapper ! La piqûre va s'enfoncer dans ta veine, pour te donner le grand sommeil. Elle est reliée au tuyau, et le tuyau à la machine de mort, celle qui contient le poison, le *lethal*. Quand le processus sera déclenché, on ne pourra plus l'arrêter. Et alors, plus de Troy.

Mes mains, elles, ne rigolent jamais. Elles essaient juste d'accrocher la lumière qui coule dans le couloir comme d'une source. Au bout, y'a mes bras. C'est là qu'ils enfoncent l'aiguille. Dans la veine.

J'ai toujours eu peur des aiguilles, j'ai jamais fait la piqûre. J'ai jamais touché à l'héro. À cause

* *Assistant-warder :* chargé d'attacher le condamné sur l'engin de mort, table ou chaise.

de ça. Je préférais prendre des « cochonneries », des amphés, du crack, de la colle, mais pas de la poudre. Alors cette aiguille-là, celle qui donne la mort, elle me donne la chair de poule. Je sniffais le crack dans une boîte de conserve. Les médicaments, je les absorbais. Comme Daddy et Mam. Comme je les voyais faire. Un jour, j'ai fait comme eux, et puis voilà.

J'étais petit. Ça m'a piqué le nez... Après, ça ne m'a plus piqué, c'était devenu une habitude... Un truc qu'on fait machinalement, sans y penser. Juste parce qu'on en ressent le besoin.

Ici, à Angola, la dope m'a manqué. Je savais pas, moi, que j'étais accro ! On me l'avait jamais dit. Je disais toujours à James : « Je suis pas un toxico ! J'arrête quand je veux ! » Mais, dès qu'on m'a enfermé, dès que j'en ai plus eu, le froid a envahi mon corps. Quel malheur ! J'ai supplié le *warder* de m'en donner. Rien qu'une fois. Pour avoir moins mal. Ou au moins des cachets pour arrêter la souffrance. Le *pig** m'a rien donné.

* *Pig* : gardien, en argot des prisons.

Des jours je suis resté à cogner, cogner ma tête contre les barreaux. Je voulais en finir, tuer le manque.

Et puis les asticots sont venus. Après, je ne sais plus. Encore deux heures dix.

Y'a pas que la piqûre de *lethal.* Ils ont un autre moyen pour te faire mourir. Un vieux truc qui marche toujours. La chaise électrique. Oh ! *Lord,* j'en ai encore plus peur que de la piqûre ! J'ai déjà pris une décharge quand j'étais môme. J'avais mis mon doigt dans la prise ! C'était si horrible ! J'ai cru que mon cœur éclatait !

Mais à Angola la décharge est définitive. Aucun espoir d'en réchapper. La prison a son propre générateur. Y a jamais de panne. Jamais d'espoir.

Le bègue te ligote sur sa maudite chaise. Elle est jaune citron avec dessinée en noir la silhouette du condamné. Sa tête aussi est dessinée. Et des sangles pour chaque partie du corps sortent des accoudoirs, comme des serpents. Ils t'attachent dessus. Ils sont au moins trois à te tenir. Tu peux rien faire. Ça te serre, ça t'étouffe. Même ta tête est maintenue. Tout à coup, sans crier gare, ils t'envoient le jus.

Un éclair t'embrase le corps, le consume.

Le jus traverse les cent soixante livres de Troy...

Est-ce que ça va me faire mal ? Est-ce que ça sent comme du cochon grillé après ? Mes mains vont-elles rester noires après, ou bien devenir toutes roses, dehors et dedans ? Et ma figure ?

J'ai peur ! Comme j'ai peur !

Ça doit faire mal de mourir. Comme ça.

Même si je meurs un petit peu tous les jours, en guettant les bruits, les préparatifs de l'« instant final », je suis encore un peu vivant. Et puis, des fois, j'espère.

Ils vont me libérer, Dad va arriver. On va rentrer chez nous.

Enfin, un jour, c'est l'heure. On t'emmène. On t'enferme dans une salle d'attente entièrement grillagée. Une cage. Ces heures à guetter dans la salle d'attente, c'est pour que tu te le mettes bien dans la tête, que tu vas mourir. Et l'électrocution a lieu.

Les Regardants regardent. Par le hublot. Les Regardants, ceux qu'on installe dans le poste d'observation, attenant à la chambre de mort.

Ils sont là pour vérifier que le gosse a bien été électrocuté ou empoisonné. Ils sont assis sur des chaises vissées dans le sol. Au cas où ils voudraient l'emporter, la chaise.

Mais eux ne sont pas des délinquants, ils ne sont pas attachés. Ils regardent, juste. Le juge, le *district attorney**, le procureur, celui qui requiert les peines, le docteur, l'ingénieur qui commande la machine et quelques autres, ils regardent. Assis en rangs d'oignons, sur leur double rangée de chaises. Ils regardent Troy mourir. Puis Troy, calciné, immobile. Troy, les yeux fermés, Troy transformé en chose.

Alors, seulement, les asticots arrivent de partout pour faire leur travail. Ils grouillent, sur les murs, sur les sangles, sur le hublot, sur les Regardants ! Et même sur Troy ! Et les démons se mettent aussitôt à hurler ! Et tous les frères morts les accompagnent de la voix !

* *District attorney :* procureur de la République.

Maman, j'ai peur !

Tu viendras me voir juste avant avec Daddy, pour un « dernier baiser » ?... Et le premier d'ailleurs, dans mon cas.

On restera dans la salle d'attente pendant un petit moment. Debout. On saura pas quoi se dire. Et puis, tout d'un coup, ce sera trop tard. Troy a été un mauvais garçon. Qu'est-ce qui s'est passé ?

Je sais pas.

Qu'est-ce qu'on dit à ses parents quand on va passer de l'autre côté. *Good bye ?*

Qu'est-ce qu'on dit à son enfant ?... Tu me pardonnes, Mam ?

Le docteur fera signe. Le docteur, celui qui ausculte les condamnés, dans le couloir de la mort. Il tape sur le genou avec son petit marteau pour vérifier nos réflexes. Il inspecte nos veines pour être bien sûr qu'on est en bonne santé, qu'on peut mourir sans problème.

Le procureur défroisse sa feuille, lit la sentence, se tourne vers moi :

– Vous avez quelque chose à ajouter ?

Y'en a tant que je ne sais pas par laquelle commencer. Pas un mot ne sort de ma bouche.

– *God bless you !*

Il a l'air soulagé. Comme ça, pas de retard sur son horaire. L'heure s'affiche sur le cadran électronique.

– F-faut y aller, grommelle l'*assistant-warder.*

– S'il vous plaît, *warder,* encore une seconde.

– N-non, ma-ddame. C'est l'heure.

– Mais, il n'a pas seize ans, c'est un enfant ! insistera Mam.

– C'est la loi, ma-ddame !

Faut pas pleurer, Troy.

Est-ce que j'aurai le courage ? Est-ce qu'il faudra me traîner ?

Je suis gros, moi, et encombrant. Le *pig* l'a dit. « Il en faudra bien quatre pour en venir à bout de ce gaillard-là ! » Il a l'habitude. D'un seul coup d'œil professionnel, il connaît les mesures.

Au basket, c'est un avantage d'être grand, j'ai pas de mal à attraper le panier ! Des fois je reste les pieds collés au sol, comme le King ! Mais ici, c'est pas ma fête !

Dad et Mam, vous attendrez à côté pendant que votre bébé se fera rectifier. Ce ne sera pas long. Un peu comme dans les maisons mortuaires quand le défunt se fait griller. Sauf qu'on ne vous le rendra pas. Le rapporteur annoncera dans le micro : « La mort de Troy Dugar a été constatée. Tout s'est déroulé sans problème. » Vous repartirez, chacun de votre côté.

Les Regardants, l'ingénieur, le docteur, le *warder,* Dwayne, le *district attorney,* Mr Bryant, tous rentreront chez eux.

On emportera le corps de Troy dans le camion. Là-bas au cimetière de la prison, on l'enterrera.

Y en a tant et tant déjà. Et y a encore de la place.

Plus que deux heures, maintenant.

Aujourd'hui, cela fait exactement sept mois que j'attends. Toutes les nuits, une dame vient me voir. Son visage est décharné et ses yeux méchants. Elle me montre ses dents jaunes et déchaussées, dans une grimace, babine retroussée, comme les chiens enragés. Je veux la chasser, elle s'enfuit par la fenêtre, en riant. J'ai peur tous les soirs avant de m'endormir.

Dans ma cellule, je peux marcher quatre pas en longueur, quatre en largeur. Mais les distances, je ne sais plus les évaluer. L'espace s'est rétréci, vidé. Je ne peux pas dire la longueur exacte, je peux juste compter mes pas. Mon pied droit après mon pied gauche, je compte. Ça en fait six petits ou quatre moyens.

Et puis, je vois mal maintenant. On voit mal, parce qu'on a toujours un mur en face qui bouche la vue. Et jamais l'horizon.

Sur le lac Ponchartrain, le plus grand du monde, l'eau à perte de vue. Le ciel, infini. On roulait dans la douceur de l'air. C'était beau. Ici, j'étouffe. L'air me manque dans cet espace minuscule, j'ai peur de ne plus pouvoir respirer, comme si j'étais enfermé dans une boîte.

Avant, je portais tout le temps des baskets blanches. Maintenant, j'en ai marre de regarder mes pieds. Elles me serraient au bout, les baskets, elles ne m'iraient plus, de toute façon. J'ai dû encore grandir. Mais ici, à Angola, les savates sont toujours trop grandes, exprès. C'est une entrave de plus. C'est fait pour nous humilier davantage. Comme tout le reste. Les numéros, la taille des cellules, les chiottes sans porte, les rondes, les fouilles, les coups, l'isolement, les murs, les chaînes. On n'est rien. Rien qu'un numéro, qu'on barre un jour.

La petite lune blanche au bout de la basket scintillait. J'ai toujours mal aux yeux. Ça scintille.

Comme ce jour-là quand le pare-brise m'éblouissait...

Le psychologue, avec ses yeux transparents derrière ses hublots, il m'a posé des questions. C'était un test. Pour m'évaluer, voir si je suis intelligent ou complètement débile. Que faut-il faire quand on a sommeil, il demandait, et quand on a froid ? Il est givré, ce mec ! J'ai jamais froid. Il fait chaud ici et, en plus, j'ai de la graisse. Une vraie bouée qui me protège.

On se fait du lard à pas bouger. Il voulait aussi que je montre autant d'objets que de doigts ! Moi, j'en ai dix des doigts mais, sur toute la terre, ça en fait des milliards ! Rien qu'ici, le long du couloir, y'en a bien quatre cents d'agrippés au sas, qui essaient d'attraper la lumière.

Qu'est-ce qu'un ballon ? il a demandé aussi.

Faudrait être maboul pour pas connaître ! C'est rond, ça roule. Quatre passes et un panier. Tac, tac, schflit, schflat ! Au basket, j'étais un pro.

Après il a parlé des mots compliqués comme « diagramme ». Qu'est-ce que je vais foutre d'un diagramme ? Pour les connaissances générales, il me demande des trucs que je connais pas. Des trucs de Blancs. Mais ce que je sais, la musique, l'odeur du *bayou** et comment nos ancêtres sont arrivés, et comment ils ont lutté, il me le demande pas. Ils savent pas ce que je sais.

Toujours le nez sur ses colonnes et ses chiffres, il additionnait, il croisait, le psychologue, sans me regarder. Un vrai matheux ce gars-là ! Après, il a tracé des lettres, des G surtout avec des grands signes, des plus, des angles ouverts ou fermés, comme des griffes. J'ai lu à l'envers, au résultat, il avait trouvé 75.

Ils hochaient la tête, avec l'avocat au procès, en regardant ce chiffre, comme s'il était magique. Ils ont parlé à voix basse, avec leurs mots qu'on comprend pas.

J'en ai retenu un « quotient intellectuel », ça revenait tout le temps. Je sais même pas ce que c'est. Mais ça avait pas l'air bon pour mon

* *Bayou :* marécage en Louisiane.

affaire. « Bas, très bas », ils disaient en hochant la tête et en regardant encore le 75. Mais leur rapport était secret. Personne l'a lu. Plus tard, ils ont dit encore des mots bizarres, pire que des *dirty-rap,* « schizophrène, névropathe ». Il était encore question de moi ! Qu'est-ce que c'est, schizophrène ? Faut pas m'insulter. Le *warder* savait pas. Le mot lui faisait peur. « Silence ! » il s'est mis à beugler. J'ai compris que ça voulait dire « malade mental », fou, autrement dit. Et ça les embêtait que je le sois. Parce que les fous, on peut pas les punir.

Et puis les fous, ça fait peur. Parce que ça se voit pas toujours qu'on l'est. Alors faut pas que ça se sache. C'est secret. Quand on est condamné, ça peut même vous sauver la tête ! Si tous les prisonniers l'étaient, leurs cimetières seraient vides et leurs hôpitaux pleins. Ça coûterait cher, tous ces fous à garder ! Mais, moi, je suis pas fou ! Je veux pas être fou !

De toute façon, ça n'a plus d'importance les maladies que je peux avoir. Plus qu'une heure trente.

Les murs sont nus. Gris, glacés, lisses, et mes ongles s'effritent à les griffer. Et ça ne sert à rien, de les griffer, juste à faire des traces claires sur la surface brillante. À peine plus grandes qu'une griffure de chat. Et mes doigts sont tout couverts de stries blanches. Mam disait que ça faisait sale ces sillons blancs dans le noir. Elle disait : « Mets de la pommade, Troy ! Pour avoir une belle peau lisse. »

Douze ans. Une boule ronde de cheveux comme une pelote de laine. Pas grand, pas gros, peau claire. C'est la photo d'école. Les copains disent : « Tu ressembles à Michael Jackson. » (Du temps qu'il était noir.) C'est plus tard que je me suis mis à avoir la grosse bouille de bébé et à être un peu fort. Tante Lily elle disait : « T'as une bobine de gros bébé, mon gars, un bébé géant ! Avec des yeux d'agneau ! »

Le psychologue, c'est un homme blanc, avec des lunettes et des cheveux clairs. Il parle sec comme un qu'aurait pas l'accent du Sud. Et ses mots, on ne les connaît pas dans ma rue à Crowley. On ne les a jamais entendus.

Je vois pas bien ses yeux derrière ses verres. Ils ne font pas de lumière. On dirait des hublots.

Il a poussé encore vers moi une feuille. Dessus des losanges, des carrés, des spirales, des lettres. Il veut peut-être jouer ? Pourtant, il garde son air sérieux. Il est loin et en même temps juste en face de moi. On se croirait à l'école primaire.

Elle était longue et grise avec des grands bâtiments plats, l'école. Avec une petite bibliothèque et une cafétéria. Dans la salle de sports, on faisait de la lutte et, dans la cour, du basket. Moi, c'est le basket que je préférais. On smashe et on met dans le panier en sautant. Ou alors, si tu veux, deuxième façon, tu shootes et le ballon file direct au panier. J'aime bien aussi. Et j'étais un bon attaquant. Une fois j'ai marqué trois points pour mon équipe, le ballon a tracé d'un jet de vingt-quatre pieds !

Mais faut faire un parcours sans faute. Sinon, on est exclu, après cinq fautes... Ici, une seule ça suffit pour vous niquer. Définitivement. J'en ai fait une. Une faute grave. Je suis rayé.

À l'école, j'y suis pas resté longtemps. J'aimais pas ça. C'était long de rester assis à rien faire. Et les livres, je comprends pas ce qu'ils racontent. C'est ennuyeux tous ces petits signes qui bougent. J'aime quand on voit des images et un super-héros qui grimpe sur les tours, qui s'envole, qui change de galaxie ! Avec ses griffes et sa puissance, moi c'est *Serval** que je préfère. Même s'il est méchant, il est fort. Mes griffes sortent, je gonfle le thorax, je fais exploser les barreaux, je vole au-dessus de la cour, et puis je disparais.

Le silence, immense, comme un gros nuage de poussière. Rien ne se passe. Tous les bruits

* *Serval :* héros de *comics*, très célèbre.

sont étouffés. À part celui de mon cœur. Et de mes dents qui claquent. Je peux pas les empêcher. Et, dans mon ventre, ça cogne, ça se tord, ça fait du bruit. Comme c'est amer ce goût dans ma bouche ! Comme si la ouate grise était rentrée dedans.

Les ombres des morts planent, tous les morts, tout autour de moi. Beaucoup sont des frères. Tout couverts d'asticots. Les asticots agglutinés sur leur corps, sur leur visage.

Plus qu'une heure quinze avant mes seize ans. Je compte depuis ce matin, depuis le *breakfast*. Enfin, façon de parler ! Manière de qualifier le jus de chaussette qu'on nous sert. À 7 heures, le gobelet de café est passé par le sas. Le gars qui l'apporte, c'est une balance. Faut s'en méfier. Il peut me dénoncer. Pour un mot, une cigarette. Tout est interdit.

Et toutes les deux heures le *warder* passe faire sa ronde, nuit et jour. Toujours la lumière. Jamais vraiment dormir. Il doit voir notre tête, bien visible. Sinon, il cogne. Pour voir si on est vivant. Je rêve que mes dents tombent.

Depuis que le gobelet est passé j'écoute les secondes. Je les compte. Un trait d'ongle par seconde. Ça fait une grosse colonne en forme de serpent, sur le mur.

Les jurés délibèrent. Les jurés sont en train de délibérer. Mort ou vie pour Troy. Plus qu'un instant et nous saurons.

J'attends. Un enfant attend au parloir, madame.

Douze jurés, hommes et femmes, qui vont dire si Troy doit mourir. Ou s'il a le droit de vivre.

Pile ou face.

Pour mon anniversaire, j'avais toujours une glace à la banane. C'était ma préférée, la glace à la banane. Pour mon anniversaire, je voudrais un ballon de basket avec *Professionnal* écrit dessus. On smashe. Quatre passes et un panier. Tac, tac, schlif, schlaf...

Le « couloir de la mort », le jour de mon arrivée, je suis passé devant. Enfin devant le panneau où c'est marqué à la peinture noire : *Death Row*.

À midi, on entend les pas, les grosses godasses sur le parterre et le chariot. Ça fait cling, cling. Par le trou, il passe le plateau d'aluminium. Avec les haricots, le maïs et le bouilli dedans. Les pas repartent. Le silence revient. Les murs redeviennent gris, froids, sourds.

À l'isolement. Depuis sept mois. Mais je suis pas seul. La nuit, tous les morts viennent me rendre visite et les maudits asticots se trémoussent, ondulent, se faufilent, disparaissent, reviennent. Et leurs petits yeux glacés dans le noir me font peur. Et des autres cellules me parviennent les cris de la nuit. Tous les prisonniers, dans le quartier d'isolement, pleurent dans leur sommeil. Au seuil de la mort, ils appellent leur mère. Alors moi aussi, je dis *mama* tout doucement. Mais personne ne vient.

Le juge, il a un petit filet de salive qui lui pend au coin des lèvres, quand il parle. Il me sourit. Je ne comprends pas ce qu'il me dit. Qu'est-ce qui m'arrive ?

Il y a sept mois que je suis enfermé. On va me tuer. Est-ce que le courant va me faire mal ? Un gros éclair aveuglant et je vais rester, brûlé, sur la chaise. Le juge a souri encore, et les petites gouttes de salive dégoulinaient de sa bouche, et il m'a maudit ! Et j'ai rigolé parce que les démons se moquaient de lui !

Et personne comprenait pourquoi je riais.

J'ai presque seize ans. Plus qu'une heure. Soixante minutes. Et j'aurai mes seize ans. Et je ne veux pas mourir. Pas déjà.

Daddy disait : « T'es rien qu'un gosse ! »

Alors, pourquoi qu'on tue les gosses ?

Les douze jurés, des gens d'honneur, à ce qu'il paraît, tous pères et mères de famille, ils vont dire, bientôt, dans quelques minutes, s'ils sont d'accord pour tuer Troy.

Faut pas tuer Troy, madame, il est petit encore, même s'il est gros. Il a personne à qui causer, alors il parle avec les murs. Mais ils ne répondent jamais. Alors, il appelle le *warder*. Mais le *warder* non plus ne répond jamais. Y a qu'à la visite que Troy peut causer.

Warder ! Warder ! Je veux partir avec mon Daddy !

Je veux rentrer à la maison !...

Le *pig* ne répond pas. Il ne répond jamais. Je veux voir Dad. Quand il vient, il ne me bat plus.

Il me battait quand il avait bu. Et après aussi, quand j'avais bu.

On habitait dans une rue tranquille du quartier noir de Crowley. Le silence était seulement troublé par les cris de bagarres du samedi soir, après boisson. Les autres jours, c'était paisible.

Mes parents, comme tous les autres parents noirs, voulaient m'apprendre le respect de la loi blanche et aussi le respect de mes frères noirs. C'est là où je m'y perdais. J'y comprenais rien. Car mon père battait ma mère, et il me battait. Il se saoulait et il me saoulait. Et je devais respecter la loi. La sienne et la blanche, celle qui fait qu'on doit pas se faire remarquer quand on est noir.

J'ai dix ans. Avec James, on rentre de l'école en shootant dans une vieille boîte de coca. À la porte de ma maison – enfin, c'est plutôt une vieille palissade, avec devant des vieux pneus qui racornissent au soleil, et l'odeur des poubelles qui vous saute à la gorge – à la porte donc, on se quitte. Au loin, la musique des trams qui trépident sur les rails. Des fois, on se pend après avec James, on se laisse traîner.

Tante Lily, sur son perron, qui grattait les boyaux de porc au-dessus d'un bac en plastique. Elle habite au numéro 1122, juste à côté de notre porte. Elle chantonnait, au-dessus du bac plein de sang. Elle est très grosse, tante Lily, avec des cheveux tout gris et des rigoles de sueur qui dégoulinent sur ses joues noires. Elle porte toujours sa vieille robe décolorée qui a dû être bleue. Toujours la même. Avec des grandes auréoles humides aux manches...

Et puis c'est pas ma tante, c'est une voisine. Mais je l'aime bien, tante Lily, parce qu'elle chantonne et qu'elle me donne le samedi un gros quignon de pain trempé dans le beurre chaud.

Elle dit : « Tu sais, Troy, nos ancêtres, quand ils sont venus d'Afrique pour faire les esclaves dans les plantations de canne à sucre, ils chantaient tout le temps. Pour se soutenir sous le soleil, tu comprends. Dans la chaleur terrible, courbés, surveillés, esquintés de fatigue, à couper la canne à sucre, tout le jour, ils chantaient. Et les chansons étaient codées. Et les Blancs ne comprenaient pas qu'ils chantaient leur révolte. » Ça nous fait bien rigoler, avec tante Lily.

Tellement pauvres les ancêtres ! Entassés à quatorze ou quinze par case, ils se nourrissaient des abats qu'on jetait, quand on avait tué le cochon. Tellement malins qu'ils étaient arrivés à accommoder ces déchets ! Et à en faire quelque chose de bon, elle a dit, tante Lily. Et c'est devenu notre tradition, mon gars ! Nos *gumbos* et tout, ça vient de là. Alors, tante Lily elle chantonne.

J'ai monté les trois marches du perron. Elles sont en ciment et ébréchées. On voit un bout de ferraille rouillée qui dépasse. Je suis rentré. Dans la cuisine, au pied de la vieille glacière, mon père gisait. Au milieu de débris de verre et des boîtes de bière. Écroulé sur le sol, dans ses vomissures. Il a ouvert un seul œil, l'autre était trop gonflé, celui-là était déjà injecté de sang.

C'est un colosse, mon père, avec une petite tête ronde et des yeux pochés. Il travaille au bureau du shérif. Là-bas, y a des *guns* plein les tiroirs. Il m'a balancé sa godasse en travers de la tête en criant d'aller lui chercher une bouteille. Je n'avais pas d'argent. Mam était partie déjà. J'ai dit : « J'ai pas d'argent. » Alors, mon père s'est levé, il a enlevé son ceinturon et il m'a tabassé. Avec son froc qui pendait sur ses hanches. Il sentait la sueur, le vomi et l'alcool.

J'ai rien dit. Quand il a été fatigué de frapper, il a laissé pendre son bras. Il s'est laissé tomber sur les genoux, puis sur le côté. Il s'est rendormi.

Le lendemain, quand il a vu les bosses sur ma figure et mon œil fermé, il a dit : « Bois un coup, petit. » Il m'a tendu le goulot. Ça sentait mauvais ! « Bois », qu'il a dit. J'ai bu, j'ai tout recraché. C'était infect. Il m'a tenu la tête renversée en arrière en criant : « Bois je te dis ! Écoute quand ton père te parle ! »

Il a pas vu les marques sur mon dos. Il s'en souvenait plus !

James me disait toujours : « Ton dos on dirait celui d'un zèbre ! » À cause des grands zigzags à vif qui devenaient roses en cicatrisant. J'avais personne à qui montrer ça pour m'y mettre de la pommade.

Mam était partie. C'était pas la première fois, d'ailleurs. Mais cette fois, elle n'est plus revenue. Dad allait trop souvent s'amuser en ville avec d'autres femmes. Peut-être que Mam aussi, elle faisait ça avec d'autres hommes mais, un jour, elle en a eu assez. Elle aussi elle avait des bosses et des bleus, et un dos de zèbre et des grosses boursouflures sur les jambes. Alors elle est partie. Et Troy est resté.

J'ai dormi tout le reste de la journée. Quand je me suis levé, j'avais mal au cœur, la tête qui tournait.

Le lendemain et pendant plusieurs jours il m'a encore forcé à boire. J'ai été malade. Mal à la tête et envie de vomir, tout le temps. Et puis, un jour, j'ai plus eu mal au cœur. Et j'ai commencé à boire sans qu'il me force. C'est devenu comme une habitude après. Je buvais. Je faisais le plein. Quand j'étais plein, j'arrêtais. Ça me faisait comme les bébés qui boivent leur biberon tout d'un coup et qui sourient après un petit rot. Quand j'étais plein, j'étais bien.

Pour mon *birthday,* j'avais toujours une glace à la banane. C'est ma préférée. « Troy, t'as les yeux plus grands que le ventre », disait Mam. Et tante Lily ajoutait : « Des yeux d'agneau ! On peut pas résister quand il fait les yeux doux ! » Tante Lily, elle aimait aussi quand je rigolais. « Tu vas faire trembler les murs, mon gars », elle ajoutait toujours.

Et puis, à cette occasion-là, c'est *Happy Birthday* qu'elle chantait. Chaque 1er mai. C'est facile à se rappeler le 1er mai pour les souhaits d'anniversaire. Daddy non plus n'oubliait jamais.

Aujourd'hui, y'a rien à faire qu'à écouter les secondes qui s'écoulent. En restant couché. Toujours couché dans ma cellule. Face, elles s'écoulent jusqu'à mes seize ans et plus. Pile, c'est ma mort.

Plus que quarante-trois minutes ! Le temps a coulé sans que je le voie filer. *Warder,* ouvre-moi ! J'ai peur ! Il fait noir ! J'étouffe !

Ce jour-là aussi, il fait chaud, on étouffe. On prend la 317. On tourne à l'intersection de la 10. La Dodge du père de James grince dans le virage. Des petits graviers giclent. Tout autour, c'est vert et luisant. À travers les feuilles l'eau scintille et clapote. Le père de James arrête la Dodge. On s'enfonce dans le *bayou.* Plein d'herbe grasse et de petits arbres minces. Un sifflement au loin, des présences de bêtes.

À mes pieds, ça frétille. Un serpent, sans doute. Il paraît qu'il y a des alligators aussi, par là, dans le bayou. On marche, longtemps, en évitant les herbes coupantes. Il fait chaud, on est en sueur.

Enfin, on l'a vue la cabane du père de James. En planches, peinte en vert avec un ponton tout vermoulu. Glissant sous nos semelles. Dedans, c'est une seule pièce avec des sacs de toile, des cannes à pêche, des hameçons, un réchaud. Puis une table et deux couchettes. Ça sent l'humidité et un peu la vase. Personne. Au-dessus du toit, le ciel est blanc.

La chaleur tombe même pas le soir. On se croirait en barque sous les étoiles, mais à l'arrêt. L'odeur du marécage remonte. L'eau grasse, boueuse, luit. Ça clapote de plus en plus fort sous les planches. Peut-être bien que c'est l'alligator !

On pêche. De temps en temps le père siffle un petit air. Le soir, les trois cannes à pêche sont alignées le long de la paroi, les boîtes d'appâts empilées. Le père de James fait un feu. On mange le poisson qu'on a attrapé. Installés sur la véranda branlante, nous deux sur un pliant et le père sur un fauteuil à bascule.

C'est la première fois que je pars en vacances. On est bien. La nuit est douce. Les étoiles nous regardent.

Une nuit, pendant que le père de James dormait, on a piqué sa caisse. Enfin, on voulait conduire. On a roulé. Dans le poste on entendait le Bad Boy. Sa voix montait jusqu'au ciel et aussi les instruments résonnaient. Ce gars-là chante la révolte des jeunes, la chasse aux Noirs. C'est un frère. Un grand rappeur. Et nous, dans la caisse, on était bien. J'ai pas vu le virage. Je l'ai fichue dans le fossé, la Dodge. J'ai pas su la remonter. Alors, je me suis sauvé.

Cet autre jour, le « jour du drame », à Lafayette, le soleil était brillant. Il faisait des petites taches multicolores. Le journal *Acadiana* a ses bureaux dans la grande avenue. Dans une tour en béton. Sur le parking, devant, les voitures chauffaient au soleil. Elles rutilaient. La Pontiac du Blanc était bleue et puissante. C'est là qu'il travaillait. Dans les bureaux du journal. Au moins cent-vingt chevaux, la Pontiac. Sur le cadran les chiffres allaient jusqu'à 150. On pouvait rouler jusqu'à 150 miles à l'heure avec cette bagnole...

Après ça, on a roulé. On a pris la 10 en direction de Houston. Je voulais partir. C'est moi qui tenais le volant. Dans la voiture du Blanc, la Pontiac. Et James était à côté de moi, cette fois. Et il faisait de plus en plus chaud. On étouffait, la sueur dégoulinait. Les lumières clignotaient de plus en plus fort. Sur le pare-brise de la Pontiac. Elles m'éblouissaient.

Ça cognait, ça remuait, c'était lourd dans le coffre Ça faisait du bruit. On roulait. James avait peur. Dans ma tête, ce bruit, insupportable. Ou alors c'était dans le bayou que ça miaulait. Dans le bayou, ça fait toujours des bruits. C'est moite, ça brille et c'est beau, le bayou. On est bien, on pense à rien et tout d'un coup on n'est plus bien. Les mouches, les moustiques par nuées et les arbres immobiles, les cyprès chauves et l'eau dormante. L'odeur de boue.

Rien qui bouge. On se sent épié. Et le ciel est bleu et bas. C'est comme ça, le bayou. Quand on traverse le lac, le ciel se confond avec l'eau. On ne sait plus si on roule sur l'eau, sur le pont ou dans le ciel...

Moi de toute façon je risque pas d'y rouler, dans le ciel !... Au *bayou,* c'est pas pareil, s'il n'y a pas un bateau ou une cabane, si on est perdu dans un bras d'eau morte, tout d'un coup, on sent la peur.

Et ça grelotte, ça crie, ça grince, ça gémit. Les oiseaux, le gibier, les alligators, les serpents, les poissons, tout se met à bouger, à couiner.

Ça pèse lourd la chaleur. Elle est là, aiguë comme un gros œil dardé, et ces petits cris qui sourdent de partout... Alors, ce jour-là, c'est peut-être pour ça que je me suis arrêté.

J'ai ouvert le coffre de la Pontiac. Ma tête explosait, mes oreilles bourdonnaient. Ça scintillait trop les chromes. Ça s'agitait trop. Cet homme-là, dans le coffre, qui se débattait, qui criait. J'ai eu peur.

J'ai voulu...

Ça a fait paf, paf, paf, paf, paf, paf. C'était lourd dans ma main et froid et noir, avec un petit bec au bout qui avait fini de cracher et qui fumait. C'était le *gun*.

Les oiseaux se sont arrêtés de chanter. Tout est devenu silencieux. Les arbres restaient immobiles. L'eau ne se ridait pas. Le ciel était blanc, aveuglant. L'écho a cessé de répéter les détonations. Un raton laveur s'est enfui quelque part. Tout près, en faisant chuchoter les feuilles.

Après, je l'ai jeté, l'homme blanc. Dans le fossé. Comme un gros sac. Il était pâle et raide.

Avec son bras qui pendait. Et une flaque de sang, sur sa chemise à rayures.

Ces maudits ronds de lumière n'en finissaient pas de m'éblouir. Le concert des grattements et des couinements a repris. James chialait, recroquevillé dans son coin.

On déplore l'assassinat de Donald Rogers, un homme de trente et un ans, enlevé sur son lieu de travail, les locaux du journal chrétien Acadiana, *enfermé dans le coffre de sa propre voiture et tué. On a retrouvé son corps le lendemain, à Sulphur. Six impacts de balle ont été dénombrés. Un crime brutal.*

C'était écrit dans le journal. Un crime, brutal. C'est très mal de tuer. Il faut empêcher de tuer. Punir les coupables.

On est reparti. Quand il a eu fini de sangloter, James a dit : « J'ai faim. » En ville on a trouvé un supermarché. On voulait juste du lait et des biscuits. Ceux qui ont une vieille loco dessinée sur le paquet. Avec de la vanille entre les gaufrettes. La caissière à l'entrée nous a jeté un coup d'œil. On a filé direct au rayon des sucreries. On avait vraiment la dalle.

On a mangé sur place un paquet de gâteaux et on a caché l'emballage sous le rayon. On en a pris un autre et un pack de lait vitaminé. On se disait rien, mais l'œil nous regardait, pendant ce temps-là. On ne l'a pas vu. On ne savait pas. On est sorti. Dans le bureau, ils nous surveillaient sur l'écran. Y'a des caméras partout à ce qu'il paraît. Avec un œil de verre qui voit tout. On était enregistrés dans la petite boîte noire.

On a été cueillis à la sortie. Emmenés à la police. James disait : « J'ai rien fait. »

Moi, j'avais encore les couinements dans l'oreille et les lumières sur le pare-brise qui m'éblouissaient les yeux. Je ne parlais pas.

James a tout lâché aux flics. Il a dit que j'avais tiré trois dollars dans le portefeuille du Blanc. C'est pas vrai ! J'aurais payé les biscuits avec et on n'aurait pas été pris !

Au procès, ils ont montré le film qu'avait enregistré l'œil. J'ai pas reconnu ce gros garçon qui s'agitait devant le rayon de gâteaux. C'est pas Troy ! Je veux pas, je le connais pas ! Et pour les trois dollars le juge a dit que c'était encore plus grave, que cela aggravait mon cas. Concomitant d'un crime, le vol rapporte la peine de mort ! J'ai crié : « J'ai rien volé. » Ils n'ont pas écouté. L'avocat non plus.

Ce qui est grave, c'est qu'un homme jeune a été tué. Trente et un ans. Il vivait paisiblement, il aimait, on l'aimait. Il avait des amis, un travail, une maison, des parents qui sont tristes, il jouait au football, au badminton, au poker, il collectionnait des pin's ou lisait des poèmes. Il aimait la plage et la campagne et la vie, surtout la vie. C'était un être humain et il est mort. C'est son avocat qui l'a dit.

Pas un bruit. Juste le silence qui cogne. Par le sas, on ne peut rien voir. La fente ressemble à une boîte aux lettres. Pour prendre le manger, c'est toute une gymnastique ! Une seule main peut se glisser à la fois. Je dois balancer le plateau de la main droite dans la main gauche, barreau par barreau, sans le renverser, enfin le faire entrer dans le sas.

Dedans, dans les creux moulés, toujours la même chose. Du maïs, des haricots, quelquefois des abats. Et puis ces maudits asticots. Ils sont partout ! Jusque sur les chaises de ceux qui regardent si on est bien mort.

Si c'est par injection qu'ils donnent la mort, c'est dans un gros bidon de plastique qu'ils mettent le poison, le *lethal*. On dirait du sérum, pour nourrir ou soigner les blessés. Aussi transparent. L'aspect incolore, inoffensif. Le bidon est relié à la machine, celle qui envoie la piqûre. Mais on ne la voit pas, de la table, elle est cachée. Juste un petit tuyau de plastique en sort, avec au bout une grosse aiguille qui s'enfonce dans la veine du gars. C'est le docteur qui installe l'aiguille, qui la pique dans la veine. Mais tout le reste se fait tout seul, d'après un poste de commande.

Jamais de panne, là non plus. Il existe plusieurs jeux de seringues et un mécanisme de sécurité. Le condamné est étendu sur la couchette de drap gris, bien attaché. Pour que le gars ne se sauve pas, Dwayne serre très fort. Et la machine se déclenche. Le poison coule dans le tuyau, sort par l'aiguille, entre dans la veine, file dans le sang, monte au cœur. Sur le monitoring qui suit les battements du cœur, les graphiques sont de plus en plus petits. Et puis comme un trait plat. Et puis, le dessin s'arrête. C'est fini, le cœur a cessé de battre.

Et les autres regardent le gars qui est mort. Et ces maudits asticots envahissent la couchette et aussi les chaises des Regardants et toutes les cellules. Ils s'infiltrent par le sas où passe le plateau ! Les voilà ! Daddy, j'ai peur ! Aide-moi ! J'ai seize ans dans quelques minutes ! Je veux pas mourir ! Je veux écouter rapper le Bad Boy !

Il cause comme les garçons de la rue. Il parle à tous les gars, avec les mots de la rue. *Fonce, brother.* Après le « drame », c'est comme ça qu'on dit, je voulais juste du lait et des biscuits. J'ai dit à James viens au supermarché. On est rentrés, on a piqué le lait, on a mangé un paquet de cookies, c'est tout. Les *pigs* nous ont eus et c'est depuis qu'il y a ces maudits asticots partout sur les murs de ma cellule, sur ma couchette et même dans mon plateau.

Le thé, il l'apporte dans un chariot. J'entends le chariot glisser sur le parterre. Ça fait tchiiiip. Il tend le gobelet de plastique plein de thé chaud, à travers le sas. Sans parler. Je sors la main, j'attrape le gobelet. Je peux pas toucher ses doigts, ils sont enveloppés dans un sac de plastique. Il faut pas toucher Troy. Pourtant, dans le sac de plastique, ce sont les doigts noirs d'un frère ! Je fais passer le gobelet par le sas, je me brûle... J'ai peur.

La police, je la connaissais déjà. Et le tribunal aussi. J'avais déjà volé. Un *gun,* un automatique. J'avais déjà été jugé. Un avocat avait été nommé, pour me défendre. J'avais plaidé coupable. Puisque c'était vrai que je l'avais volé, le *gun*. Après, ils ont dit : « Mais plaider coupable n'a fait qu'aggraver le cas de Dugar ! » J'en sais rien moi, je suis pas avocat !

L'avocat, commis d'office, c'était une de ses premières affaires. « Troy Dugar est un inadapté », il leur a dit au procès. Un inadapté c'est un mec dangereux. Ils ont eu peur.

Le *district attorney,* celui qui requiert la peine, est un père de famille. Il croit en Dieu. Il ne fait que son devoir. Il l'a dit au journaliste qui lui demandait si cela ne le gênait pas d'appliquer la peine de mort aux enfants. Il a dit : « C'est nécessaire, dans certains cas. Ne me prenez pas pour un sauvage. »

Un jour, un autre avocat est venu, dans la prison. Il m'a parlé. Il a serré ma main, il a ri. Il n'avait pas peur de moi. C'est un jeune Blanc. Derrière ses lunettes, ses yeux bleus sont innocents, comme ceux d'un petit oiseau. Il a beaucoup de dents. Toujours il dit : « Il faut bien une loi, il faut bien l'appliquer ! Mais qu'est-ce qu'on peut faire ? Je ne sais pas, je ne sais pas ! » On dirait qu'il questionne la terre entière.

Et toujours il ajoute : « Troy est un enfant »... Sa chemise à rayures est bien repassée. On dirait qu'il est encore à la *high school,* préoccupé par ses certificats et les rencontres de base-ball, ou plutôt de tennis car il est anglais. On dirait qu'il aime bien les gens. Même Troy Dugar. Si... je passe le cap, j'aimerais qu'il s'occupe de mon affaire.

À trois heures, on entend les grosses godasses qui marchent dans le couloir. Le bruit du trousseau de clés du *warder.* La grille s'ouvre, j'attends face au mur. Les autres condamnés font pareil.

Sinon punition. On sort en rang, encadrés par les hommes armés. Après des escaliers gris, des galeries grises, des portes grises qui s'ouvrent et se referment toutes seules, c'est la cour. Le soleil est aveuglant. Le ciel est blanc, bas. J'ai chaud. C'est moite. Avec les autres gars, je reste adossé au mur qui brille. Devant les grilles et les barbelés, haut jusqu'au ciel. Ma gorge est sèche, la lumière m'éblouit.

Elle rentre dans ma tête comme une épée de feu. Elle sèche ma gorge. Avec les autres condamnés, on parle de basket. Ou on dit rien. Y'en a qui disent des saloperies sur les nanas, des trucs cochons. Jim a pleuré, un jour. C'est bientôt son tour. Son appel a été rejeté. Il voulait voir sa femme, sa petite nana, sa *baby*. L'embrasser rien qu'une fois. Ou alors mourir tout de suite.

Moi, j'aurais voulu l'embrasser, Samantha. Mais j'ai pas osé. Mais Diana, si. C'est elle qu'a commencé.

Je mets mes mains sur mes épaules et je dis que c'est Samantha qui m'embrasse. Le *warder* m'a vu, il m'a menacé, si je recommençais je serais tabassé à mort, enfermé au mitard.

Au haut du mât, le drapeau américain flotte. Les seules étoiles qu'on voit sont celles du drapeau, parce que le ciel de nuit on le voit plus jamais. Et la nuit, on est plongé dedans, tout le temps. Mais c'est une nuit sans étoiles et sans lune. J'ai soif. Jim a dit qu'en Europe, avant, ils tuaient les condamnés en leur coupant la tête. Avec la guillotine. Mais que, maintenant, c'est fini, ils ne les tuaient plus. Et les jeunes, ils ne les tuent pas. Il a ajouté que c'était comme si elle était guillotinée sa tête. Et aussi son sexe. Qu'on mourait chaque jour ici, morceau par morceau. Sans espoir et sans femme. Il y a qu'une perspective, une dose de *lethal* !

Bill, on le voit plus. Son temps n'est pas fini. Mais il ne peut plus marcher, le sida en est venu à bout.

Après la demi-heure, on rentre. Le samedi, on a basket dans une autre cour où il y a un panier.

Le ballon, je voudrais le garder dans mes mains. Il est rond et dur. Il sent le caoutchouc, sous le soleil. Il est humide, à cause de la sueur.

Mais je ne peux pas le garder indéfiniment ! Je dois faire un tir au panier, avant trente secondes. C'est la loi du sport. Celle-là, je la comprends.

Il vont me donner du Coca et des confiseries, des biscuits. J'en aurai peut-être, de la glace à la banane. Je pourrai manger tout ce que je veux et même avoir une cigarette. Même pour les gosses c'est permis, au dernier moment. Ce n'est plus grave qu'on attrape le cancer du poumon, on n'a pas le temps, d'ailleurs.

Après la cigarette, ils vont m'emmener et m'attacher sur leur maudite machine. Et ça sera fini.

Il reste plus qu'une minute.

Cinquante-neuf secondes, cinquante-huit, cinquante-sept, cinquante-six...

Aujourd'hui, 1er mai 1987 à 18 heures 15 minutes, Troy Dugar vient d'avoir seize ans.

Les délibérations sont finies. Troy a mal au ventre. Ça tambourine dans son cœur. Il a tellement mal au ventre. On entend des pas...

La grille de la cellule s'ouvre. C'est le juge et l'avocat, je les reconnais, ils sont un peu pâles. Le *warder* joue avec ses clés. Le juge a un filet de salive qui lui pend au coin de la lèvre. Sa bouche sourit un peu. Sa bouche dit les mots : « Condamné à mort. À l'unanimité. *Happy birthday,* Troy. »

Ils sont partis. Ils ont dit : « Chaise électrique. »

Y'a qu'à accrocher le tee-shirt au barreau pour que Troy n'ait pas mal avec l'électricité. Troy préfère mourir pendu. Troy veut rentrer à la maison. Troy veut voir Daddy.

Daddy va venir le chercher, il va l'emmener

Tante Lily chantonne sur le perron. V'là ton gros bébé, tante Lily !

– Ben, mon gars, tu riboules des yeux comme un petit agneau ! Qu'est-ce qui t'arrive ? *Happy Birthday,* Troy !

La nuit n'est pas tombée. C'est le jour, y'a du soleil. La marche est ébréchée. On voit la ferraille. Daddy, donne-moi ta main ! Troy a peur ! Toujours eu peur du noir ! Peur de l'éclair !

Sir, dites à Daddy que Troy l'aime !...

Épilogue

La peine sera prononcée officiellement par le juge le 14 mai 1987.

Condamné à mort à l'unanimité, le jour de ses seize ans, le 1er mai, Troy Dugar, de race noire, ayant tué le 26 octobre 1986, à l'âge de quinze ans et sept mois, Donald Rogers, un Blanc de trente et un ans, n'a fourni aucun éclaircissement sur les mobiles du crime.

Question importante, le vol des trois dollars, nié par l'accusé, mais dénoncé par le principal témoin de l'accusation, James Moore, quatorze ans, n'a pas été éclairci. Or le meurtre concomitant d'un vol est un crime passible de la peine de mort, en Louisiane.

Après une tentative de suicide, en proie à des hallucinations violentes, le condamné est admis à l'hôpital psychiatrique. Le rapport des experts porte la mention suivante : « À la suite de graves désordres psychiques, le détenu s'avère être dangereux pour lui-même. Utiliser quatre entraves de cuir. »

En 1988, un nouvel examen psychiatrique, mené cette fois par le Dr Howard Albrecht, psychologue, fait état de la schizophrénie dont souffre le jeune condamné, et ce depuis l'enfance.

À cette même date, un nouvel avocat, Clive Stafford Smith, souligne que son client était encore un enfant au moment des faits.

Eu égard à ce « nouvel élément », la Cour suprême de Louisiane se réunit pour une audience, à l'issue de laquelle le tribunal, considérant Troy Dugar « pas compétent pour interjeter* appel », le renvoie dans le couloir de la mort.

En mai 1993, la peine de mort de Troy a été commuée en peine d'emprisonnement à perpétuité. Son avocat tente maintenant d'obtenir pour Troy l'internement en hôpital psychiatrique.

* Interjeter appel : demander la révision du jugement.

DOCUMENTS
ET
TÉMOIGNAGES

LA PEINE DE MORT EST UN CHÂTIMENT IRRÉVERSIBLE INFLIGÉ PAR UN ÉTAT, QUI CONSISTE À ÉLIMINER PHYSIQUEMENT UN INDIVIDU EN PUNITION D'UN CRIME CONTRE L'ORDRE SOCIAL JUGÉ PARTICULIÈREMENT GRAVE.

HISTOIRE DE LA PEINE DE MORT

Des exécutions sauvages à l'abolition

L'histoire de la peine de mort est en fait l'histoire de son abolition. Pendant des millénaires, la mort a été le châtiment suprême. C'était d'abord un règlement de comptes, une vengeance privée, accomplie par la famille de la victime ou les personnes qui se sentaient lésées. L'exécution de la peine de mort se faisait par divers moyens et était très souvent précédée de supplices.
Cette mise à mort était considérée comme une réparation nécessaire et même sacrée, pour rétablir l'ordre social rompu par le crime.
L'injustice et la cruauté étaient souvent la marque de ces exécutions. On appliquait la « loi du talion », ainsi formulée dans la Bible : « Tu donneras vie pour vie, œil pour œil, dent pour dent, main pour main. » [Exode XXI.]

Selon les époques et selon les cultures, les fautes sanctionnées par la peine de mort varient : vol, crime, adultère, prostitution, sorcellerie, sacrilège, rapt, etc.

Pendant l'Antiquité, des États se constituent et se réservent le droit d'exercer la justice. Ils essaient d'évaluer la peine du condamné selon la faute commise et l'intérêt de la société. La peine de mort est réglementée, son application est moins arbitraire.

• Au XVIIIe siècle, le texte de Cesare Beccaria, juriste italien, *Des délits et des peines*, lance un premier débat abolitionniste en Europe. Sa grande idée est que la certitude du châtiment vaut mieux que sa sévérité. Beccaria pose également la question : « Pourquoi punir ? » Pour lui, punir est un problème laïque, la justice ne relève pas de la religion.

• En 1791, la Révolution française supprime la torture qui précède l'exécution et adopte la guillotine pour réduire la souffrance des condamnés.

• Au cours du XIXe siècle, le recours à la peine de mort diminue progressivement : les tribunaux tiennent compte des « circonstances atténuantes ». Cela veut dire qu'ils essaient de comprendre pourquoi le crime a été commis et qu'ils atténuent éventuellement la peine selon les circonstances. Le droit de grâce du chef de l'État est également mis en place.

Abolition : les dates

Voici quelques dates d'abolition totale de la peine de mort dans le monde :

Venezuela	1863
Équateur	1906
Autriche	1968
Portugal	1976
Norvège	1979
France	1981
Cambodge	1989
Mozambique	1990

• Aujourd'hui, la peine de mort est considérée comme une atteinte aux droits humains dans de nombreux pays. Les organisations internationales comme l'Assemblée générale des Nations unies ont réaffirmé dès 1977, que « le principal objectif à poursuivre en matière de peine capitale est de restreindre progressivement le nombre des crimes pour lesquels la peine capitale peut être imposée, l'objectif souhaitable étant l'abolition de cette peine ». La Commission des droits de l'homme des Nations unies réitère, chaque année avec force, un appel qui « engage tous les États qui n'ont pas encore aboli la peine de mort à instituer un moratoire en vue de l'abolition totale de la peine de mort ».

Droits de l'homme

Aujourd'hui, tous les pays de l'Union européenne sont abolitionnistes et les pays qui souhaitent être admis au Conseil de l'Europe doivent s'engager à abolir la peine de mort.

La Déclaration universelle des droits de l'homme adoptée par l'Assemblée générale des Nations unies, le 10 décembre 1948, précise :

Article 3 : Tout individu a droit à la vie, à la liberté et à la sûreté de sa personne.

Article 5 : Nul ne sera soumis à la torture, ni à des peines ou des traitements cruels, inhumains ou dégradants.

L'ABOLITION AUJOURD'HUI

POURQUOI ABOLIR LA PEINE DE MORT ?

La peine de mort est un meurtre légal ordonné par un État. Elle ne peut ni compenser, ni annuler, ni réparer le crime illégal. On ne peut pas admettre qu'un État se donne le droit de tuer des êtres humains.

LA JUSTICE HUMAINE N'EST PAS INFAILLIBLE

• La peine de mort est un châtiment irréversible et la justice des hommes n'est pas infaillible. Le risque d'exécuter un innocent est réel. Aux États-Unis, au moins vingt-trois personnes ont été exécutées par erreur depuis le début du siècle.

• Nul ne peut savoir combien d'innocents figuraient parmi les quelque 7 000 condamnés exécutés aux États-Unis au cours du XXe siècle. Depuis que les exécutions ont repris en 1977, Amnesty International a recensé de nombreux cas de prisonniers dont la culpabilité était encore sérieusement mise en doute juste avant leur exécution. Selon une étude reconnue, à la date de 1984, au moins 23 innocents avaient été exécutés dans ce pays depuis le début du siècle.

• Malgré des siècles d'application de la peine de mort et de nombreuses études scientifiques sur le rapport entre l'existence de ce châtiment et le taux de criminalité, aucun élément probant ne permet de dire qu'il est seul apte à protéger la société contre le crime ou à répondre aux exigences de la justice.

• L'idée que les criminels doivent être exécutés pour éviter la récidive repose sur l'hypothèse qu'il n'existe aucun moyen efficace de prévenir la récidive et que l'État peut déterminer avec certitude qui récidivera.

• Réclamer la peine de mort pour faire justice est en fait contradictoire avec l'idéal même de justice. Car cette prétention oublie le fait que la justice est nécessairement rendue par des hommes et que ceux-ci ne sont pas des machines : aucune règle de droit ne pourra éliminer complètement les partis pris inhérents à tout système juridique et le caractère éminemment faillible du jugement humain. Il est impossible de créer un système qui pourrait infliger la mort de façon équitable.

La peine de mort n'est pas dissuasive

• Toutes les statistiques montrent que l'abolition de la peine de mort n'entraîne pas une augmentation de la criminalité ; le Canada, par exemple, est passé d'un taux de criminalité de 3,09 pour cent mille habitants en 1975, l'année précédant l'abolition, à celui de 2,74 en 1983, pour atteindre un niveau encore plus bas en 1986. Certaines recherches ont même laissé supposer que les exécutions pouvaient provisoirement entraîner une augmentation du nombre d'homicides. D'après deux chercheurs américains, cette augmentation provisoire pourrait être due à l'effet « brutal et violent » des exécutions.

La peine de mort en tant qu'instrument de répression politique

C'est le caractère irréversible de la peine de mort qui rend ce châtiment si attirant pour certains États tentés d'en faire un instrument de répression. Illusoire lorsqu'elle est utilisée comme protection contre le crime, la peine de mort est odieuse lorsqu'elle sert à écraser l'opposition politique.

La peine de mort et son abolition aujourd'hui dans le monde [au 31 décembre 1998]

Pays abolitionnistes de droit pour tous les crimes	67
Pays abolitionnistes de droit pour les crimes de droit commun *[ils conservent la peine de mort pour les crimes exceptionnels tels ceux prévus par le Code de justice militaire ou ceux commis dans des circonstances exceptionnelles, en temps de guerre par exemple]*	14
Pays abolitionnistes en pratique *[leur législation prévoit la peine de mort pour les crimes de droit commun, mais ils peuvent être considérés comme abolitionnistes en pratique parce qu'ils n'ont procédé à aucune exécution depuis au moins dix ans, ou parce qu'ils se sont engagés au niveau international, à ne procéder à aucune exécution]*	24
Total des pays abolitionnistes en droit ou en pratique	105
Total des pays non abolitionnistes	90

LA PEINE DE MORT AUX ÉTATS-UNIS

50 États, 50 législations

Le système politique américain est un système fédéral qui regroupe cinquante États ; chaque État établit sa propre législation. Pour un même crime, un individu risque des peines très différentes selon l'État où il est jugé.

La Cour suprême des États-Unis qui siège à Washington est composée de neuf juges nommés à vie. Il sont nommés par le Sénat sur proposition du président. Ils sont appelés à se prononcer sur toutes les questions qui agitent la société américaine, l'avortement, la peine de mort, le financement des élections, etc. Ils doivent également contrôler la conformité des lois de chaque État de l'Union avec la Constitution américaine.

Le retour de la peine de mort

Aux États-Unis, les exécutions diminuent de manière générale à partir des années quarante et deviennent rares vers le milieu des années soixante. Un moratoire officieux sur les exécutions est observé à partir de 1967, en attendant que la Cour suprême statue sur plusieurs affaires importantes qui concernent les législations relatives à la peine capitale de plusieurs États. En 1972, la Cour suprême rend un avis qui affirme que la peine de mort est appliquée de façon *« arbitraire et irrationnelle »* et qu'elle constitue une violation du huitième amendement de la Constitution, lequel interdit les *« peines cruelles et d'un genre inaccoutumé »*. Cet arrêt abroge de fait toutes les lois existantes. Mais, en 1976, dans un autre arrêt fondamental, rendu dans une autre affaire, la même Cour suprême approuve les législations révisées d'un certain

nombre d'États, qui comportent de nouvelles dispositions relatives à la peine capitale. Cette décision a permis aux États de rétablir la peine de mort conformément aux directives destinées à supprimer l'inégalité du prononcé de la peine.
Aujourd'hui, sur les cinquante États qui composent la fédération, trente-huit États, ainsi que les législations fédérales civile et militaire, prévoient la peine capitale.
Au 1er juillet 1998, on comptait 3 426 hommes et 48 femmes, dont 74 mineurs au moment des faits, condamnés à mort dans les prisons des États-Unis.
Le nombre de prisonniers exécutés depuis 1977 est en augmentation constante. Entre cette date et la fin de l'année 1998, 500 exécutions ont eu lieu. Entre le 1er janvier et le 15 mars 1999, 25 personnes ont été mises à mort.

Des mineurs condamnés à mort

Alors que les normes internationales excluent de la peine capitale les personnes âgées de moins de dix-huit ans au moment des faits, la Cour suprême des États-Unis a statué que l'exécution de condamnés à mort ayant commis un crime à l'âge de seize ou dix-sept ans n'était pas contraire à la Constitution.

Le 16 juin 1944, George Junius Stinney était exécuté en Caroline du Sud. Il avait quatorze ans. C'est la plus jeune personne à avoir été exécutée aux États-Unis au cours de ce siècle. Cinquante ans plus tard, il se trouve des hommes politiques et des procureurs américains pour demander que la peine de mort soit de nouveau applicable à des délinquants de quatorze ans, voire plus jeunes.

Vingt-quatre États autorisent l'application de la peine de mort pour des crimes commis par des personnes âgées de moins de 18 ans.

• Vingt États l'autorisent à partir de 16 ans :
Alabama, Arizona, Arkansas, Caroline du Sud, Dakota du Sud, Delaware Floride, Idaho, Indiana, Kentucky, Louisiane, Mississippi, Missouri, Montana, Nevada, Oklahoma, Pennsylvanie, Utah, Virginie, Wyoming.

• Quatre États à partir de 17 ans,
Caroline du Nord, Géorgie, New Hampshire, Texas.

Fin 1998, douze États détiennent les délinquants mineurs au moment des faits, dans le couloir de la mort.

• Dans quatorze États, l'âge minimum est fixé à 18 ans.
Californie, Colorado, Connecticut, Illinois, Kansas, Maryland Nebraska, New Jersey, New York, Nouveau Mexique, Ohio, Oregon, Tennessee, Washington.

Les législations fédérales civile et militaire autorisent la peine de mort à partir de 18 ans.

Cinq autres pays dans le monde ont procédé, depuis 1990, à l'exécution de délinquants mineurs au moment des faits. Il s'agit de l'Arabie Saoudite, de l'Iran, du Nigeria, du Pakistan et du Yémen. Ce sont les États-Unis, qui avec 13 exécutions [de janvier 1986 à février 1999] ont procédé au plus grand nombre d'exécutions de délinquants mineurs au moment des faits.

LE COULOIR DE LA MORT

Un isolement prolongé

Dans les prisons américaines, les condamnés à mort sont regroupés dans des cellules spéciales, leur surveillance est particulièrement sévère. Ils sont soumis à un isolement prolongé et à une inactivité forcée.

La cruauté de la peine de mort ne se limite pas au seul moment de l'exécution. À partir du moment où la condamnation est prononcée, le prisonnier vit dans la perspective de sa mort. Cette angoisse déprime certains détenus au point qu'ils se désistent de leurs appels et acceptent l'exécution comme une forme de suicide, ou bien ils souffrent de dépression et de troubles mentaux. Selon de nombreux témoignages, la menace d'exécution est l'une des formes de torture les plus terrifiantes.

Un rapport de la Commission des droits de l'homme des Nations unies de 1988 sur la torture constate :
« Il n'est pas rare que des condamnés à mort restent longtemps sans savoir si la sentence sera ou non exécutée. (...) Lorsque l'incertitude est maintenue pendant plusieurs années (...), les effets psychologiques correspondants peuvent être assimilés à des souffrances mentales aiguës. Là encore on peut se demander si une telle situation est compatible avec l'obligation de respecter la dignité de l'être humain et son intégrité physique et mentale. »

Qui sont ces condamnés à mort ?

Cette peine terrible et définitive est infligée le plus souvent aux membres les plus vulnérables de la société : les pauvres, les malades mentaux et les membres des minorités raciales, religieuses ou ethniques. La peine de mort frappe de façon disproportionnée les personnes défavorisées ; les condamnations sont prononcées à l'encontre des individus situés au bas de l'échelle sociale, qui n'auraient pas été condamnés à mort s'ils avaient été aptes à utiliser efficacement le système de justice pénale. Par manque de connaissances, d'assurance ou d'argent, ils sont victimes du mépris, du pouvoir et de la société en général.

Les modes d'exécution

L'injection mortelle
La chaise électrique
La chambre à gaz
La pendaison
Le peloton d'exécution

Être bien défendu, une question d'argent ?

Les accusés sans ressources se voient habituellement désigner un avocat commis d'office qui est très mal rémunéré. Les pauvres accusés de crimes punis de la peine de mort sont souvent scandaleusement mal défendus : leurs avocats ne disposent pas du temps et des ressources suffisantes pour procéder aux enquêtes et aux expertises nécessaires à leur défense.

Les médecins et la peine de mort

La participation des professionnels de la santé aux exécutions constitue une violation des principes de base de l'éthique médicale. De nombreux organismes nationaux et internationaux représentant les membres des professions de santé rappellent qu'ils ne doivent pas participer aux exécutions. Malgré cela, Amnesty International continue de recevoir des informations faisant état de la participation de professionnels de la santé aux exécutions.

CRIME ET SOCIÉTÉ

Aux États-Unis comme dans de nombreux autres pays, la criminalité violente représente un grave problème. Les crimes de sang ont des conséquences tragiques et durables pour les familles et les proches des victimes. En tant qu'organisation œuvrant à la défense des victimes de violations des droits humains, Amnesty International se refuse à excuser ces crimes, ou à les minimiser. Néanmoins, la peine capitale constitue une négation délibérée du droit à la vie, du droit de ne pas être soumis à un « traitement cruel, inhumain ou dégradant » - droits fondamentaux qui sont ceux de tous les êtres humains, indépendamment de leur personnalité et de leurs actes.

Mais on doit bien constater, comme le montrent de nombreux sondages d'opinion, que ce constat ne s'impose pas facilement. Car le soutien de l'opinion publique à la peine de mort, quel que soit le pays, est le fruit de la colère ou de la peur, colère suscitée par les crimes de sang, peur du chaos social que ce genre de crimes semble annoncer, craintes pour sa sécurité et celle de ses proches. Les hommes politiques, en promettant d'adopter la peine capitale ou d'élargir son champ d'application, offrent une réponse trop facile à ces sentiments. Cela leur évite de chercher d'autres moyens d'enrayer la criminalité violente. Alors même que l'expérience des pays qui ont aboli la peine capitale montre que cette décision ne les a pas fait basculer dans le désordre social.

Les hommes politiques américains justifient ainsi fréquemment le maintien de la peine capitale en insistant sur ce soutien présumé de l'opinion publique. Mais l'opinion publique prend souvent position sur une question à propos de laquelle elle manque d'information. Le pays est peut-être prêt à abandonner la peine de mort ; les sondages indiquent que le public américain est favorable à des alternatives raisonnables de nature à rétablir l'équilibre et la justice qui manquent à la société. Soixante-dix-sept pour cent des personnes interrogées se disent favorables à la peine capitale dans l'absolu, mais ce chiffre passe à 41 % quand une peine de réclusion à perpétuité sans possibilité de libération conditionnelle, jointe à une obligation de réparation, est offerte comme alternative.

La justice pénale aux États-Unis

Les normes internationales relatives aux droits humains encouragent l'abolition de la peine capitale : toutefois, reconnaissant que cet objectif ne pourra être atteint que progressivement, ces normes s'efforcent au moins de limiter le champ d'application de la peine de mort aux États-Unis comme dans tous les pays qui continuent d'y avoir recours. Les femmes enceintes, les mineurs délinquants, les aliénés, les malades mentaux ou les arriérés mentaux font l'objet d'une protection particulière. Néanmoins, les États-Unis continuent d'infliger ce châtiment à des mineurs et à des malades ou arriérés mentaux.

Le non respect de ces normes minimales au cours des procès dans lesquels l'accusé encourt la peine de mort demeure un sujet de préoccupation constante.

LA DISCRIMINATION

Aux États-Unis, la peine de mort est infligée de manière disproportionnée en fonction de critères raciaux.

Le nombre de victimes de meurtre appartenant aux minorités ethniques est pratiquement égal à celui des victimes de race blanche. Or quatre-vingt-quatre pour cent des 74 personnes exécutées en 1997 [41 Blancs, 26 Noirs, quatre Latino-Américains et deux Amérindiens] avaient été condamnées pour le meurtre d'une victime blanche.

En 1987, la Cour suprême des États-Unis a déclaré publiquement qu'elle était disposée à tolérer le racisme. En effet dans sa décision, rendue dans l'affaire McCleskey c. Kemp, elle a déclaré : « ... Les disparités apparentes en matière de sentence font inévitablement partie de notre système de justice pénale. En conséquence, il s'avère que le système de justice pénale américain ne suffit pas à remédier au racisme dans les cas de condamnation à la peine capitale. »

En Géorgie, particulièrement, la peine de mort continue d'être infligée de manière raciste, arbitraire et inique. Des études ont montré que, dans bien des cas, l'origine ethnique de la victime ou de l'accusé constituait un facteur essentiel dans la décision du procureur de requérir la peine capitale. Or nombreuses sont les personnes condamnées à mort qui n'ont pas bénéficié d'une assistance juridique adéquate. Le racisme dans le recours à la peine de mort persiste, en dépit de l'arrêt rendu en 1972 par la Cour suprême des États-Unis [Furman c. Géorgie], selon lequel le prononcé « arbitraire et irrationnel » de ce châtiment viole les huitième et quatorzième amendements de la Constitution.

Toujours en Géorgie, le racisme en matière de peine capitale se manifeste toujours en deux circonstances : au moment de la composition du jury, les jurés noirs sont régulièrement récusés par le procureur ; et lors des réquisitions, lorsque la victime est blanche et l'accusé noir. Aucun Blanc n'a jusqu'à ce jour été exécuté pour le meurtre d'un Noir.

LETTRE DU COULOIR DE LA MORT

« Il n'y a pas de vie dans un couloir de la mort. Tout juste une existence : on y mange, on y dort, on va aux toilettes, on respire, on quitte une pièce en brique pour entrer dans une cage en acier, on reçoit la visite d'êtres chers derrière un écran de Plexiglas, sans jamais pouvoir les toucher.

Le couloir de la mort n'est pas une abstraction ; c'est une réalité saisissante. (...) En Pennsylvanie, où l'injection létale vient d'être récemment adaptée, environ cent quarante-sept hommes et deux femmes attendent une liquidation légale sur décision de l'État. Je dis « environ » car le nombre de condamnés à mort augmente régulièrement, parfois à raison de deux chaque semaine. (...)*

Le couloir de la mort est le lieu où des gens attendent la mort dans les conditions les plus rigoureuses que l'homme connaisse ; vingt-deux heures en cellule (bientôt vingt-trois) et deux autres facultatives (bientôt plus qu'une) au-dehors, dans une cage de huit pieds sur quatorze appelée « champ de course du lévrier », « basse-cour » ou encore la « cage ». Les repas sont pris en cellule. Aucune disposition particulière pour les études ou les services religieux, pour les enseignements de quelque nature qu'ils soient. (...) Les visites deviennent un enfer pour celui qui les fait comme pour celui qui les reçoit. Si bien que beaucoup d'hommes refusent à leur famille une autorisation d'entrée. (...)

Une demande de cours universitaires de psychologie par correspondance tombe dans la routine du refus : rejeté

* Létale : qui provoque la mort.

– risque pour la sécurité, même si la prise en charge de ce cours ne coûte pas un sou à l'État.

Pour avoir refusé de renier mes croyances (...), pour avoir refusé de couper mes cheveux, j'ai été soumis à des conditions encore plus restrictives que n'importe qui d'autre dans le couloir de la mort : privé d'achats de nourriture dans le magasin de la prison, privé de téléphone (dans le couloir de la mort, on a droit à un appel de dix minutes par mois), privé de livres (à l'exception de livres juridiques et d'un livre religieux) ; pas de télévision non plus, ni radio ; pas de « salaire » (les reclus du couloir de la mort touchent à peu près quinze dollars mensuels pour compenser le fait de ne pouvoir travailler en prison).

Fin octobre 1992, une nouvelle politique a pris effet, la plus répressive qui soit en Amérique, et qui va apporter des restrictions supplémentaires : une seule visite par mois, une heure de cage cinq jours par semaine (vingt-trois heures en cellule), suppression de tous les achats dans le magasin de la prison, à l'exception de deux paquets de cigarettes par mois, plus de journaux, plus de revues, plus rien. (...) »

Mumia Abu Jamal,
lettre au journal *Politis*, mai 1993.

RETOUR DE LA MAISON DE LA MORT

Mardi 9 février 1993, 8 heures 15. Samuel Hawkins effectue le pénible parcours vers sa sixième date d'exécution.

Quinze ans dans le couloir de la mort, la date d'exécution est sérieuse.
La vie de Sam est une fois de plus entre les mains de la Cour suprême des États-Unis. Le 12 décembre 1988, il a déjà fait le voyage vers la maison de la mort. Un sursis est tombé une heure vingt avant l'heure de l'exécution.

« Pour aller à la maison de la mort, mes mains et mes pieds sont attachés : le directeur de la prison et un autre homme sont en tête du convoi, équipés d'armes puissantes. Les gardiens, dans le fourgon, portent le même type d'armes. (...)

« Ils m'ont dit de prendre une douche, je l'ai fait. Ils m'ont donné une chemise et un pantalon bleus. J'ai refusé le repas. Ils ont pris mes empreintes digitales. J'étais dans une cellule jaune d'environ 1,50 mètre sur 2,70 mètres. Deux gardiens assis devant la cellule me faisaient face sans arrêt. Il n'y avait aucune intimité et quand j'utilisais les toilettes ils continuaient de me regarder même si je m'essuyais les fesses. Les gardiens m'ont dit où et quand je serai enterré. À partir de ce moment-là, j'ai attendu, attendu, espérant un sursis pendant que l'aumônier de la prison m'expliquait comment j'allais mourir. Le directeur de la prison est arrivé et sur un ton exigeant m'a expliqué la coopération qu'on attendait de moi. Il m'a dit de coopérer pour mourir facilement car, si je résistais, je souffrirais davantage. Il m'a dit qu'on allait m'attacher sur une table,

huit sangles, puis placer des aiguilles dans les veines de mes bras, qu'ensuite des solutions seraient injectées dans mes veines jusqu'à ce que je sois mort.»

21 heures 55. Le téléphone sonne. La Cour suprême a pris une décision. À cet instant, la tension est indescriptible. Nous sommes paralysés. Sam parle :
«La Cour suprême a accordé un sursis... Je vous aime.»
Sam est ramené dans le couloir de la mort, épuisé :
«Ce fut une épreuve cruelle, douloureuse... C'est beaucoup de torture, de stress intense et profond, une grande tension psychologique et physique.»

Pour la deuxième fois en quatre ans, il revient de la maison de la mort :
«On m'a mis dans une cellule vide, pas de matelas, rien. Mais à une heure du matin on m'a apporté un matelas, des draps, un oreiller et des couvertures. Non, non, je n'ai pas pu dormir du tout, j'étais vidé, épuisé.»

Dominique Mâlon,
***La Chronique d'Amnesty*, juin 1993.**

Samuel Hawkins a quitté le couloir de la mort d'Ellis One Unit. Il a été exécuté le 21 février 1995, par injection létale à Hunstville.

Les questions auxquelles tous les condamnés à mort ont à répondre dans les dernières heures

– Comprenez-vous ce qui va vous arriver ?
– Avez-vous des questions ?
– Que voulez-vous pour votre dernier repas ?
– Envisagez-vous de dire quelques mots avant de mourir ?
– Que voulez-vous que nous fassions de votre corps ?
– À qui léguez-vous ce qui vous appartient ?
– À qui léguez-vous votre argent ?
– Qui assistera à votre exécution ?
– Savez-vous ce que nous attendons de vous ?
– Vous sentez-vous à l'aise ?
– Sinon, que pouvons-nous faire ?
– Si vous n'obtenez pas de sursis, à qui voudrez-vous téléphoner ?
– Quelle couleur de vêtements souhaitez-vous porter pour mourir ?

L'ACTION D'AMNESTY INTERNATIONAL

Amnesty International est née en 1961 d'une idée simple et forte : utiliser la pression de l'opinion publique internationale pour intervenir auprès des gouvernements responsables de violations des droits de l'homme.

Depuis, ses campagnes mondiales d'action et d'information fondées sur le droit international n'ont eu de cesse de lutter pour obtenir :

• **la libération immédiate et inconditionnelle des prisonniers d'opinion,** c'est-à-dire des personnes détenues uniquement du fait de leurs convictions politiques ou religieuses, de leur couleur, de leur sexe, de leur origine ethnique ou de leur langue, à condition qu'elles n'aient pas usé de violence ni préconisé son usage ;

• **un procès équitable** et dans un délai raisonnable pour tous les prisonniers politiques ;

• **l'abolition de la torture, de la peine de mort** et de tout traitement cruel à l'égard des prisonniers ;

• **la fin des assassinats politiques et des « disparitions ».**

De même, Amnesty s'oppose au renvoi des personnes contre leur gré, dans un pays où elles risquent de disparaître, d'être emprisonnées pour leurs opinions, torturées ou exécutées, et dénonce les exactions telles que les prises d'otages ou les meurtres arbitraires commis par des groupes d'opposition armés.

AMNESTY INTERNATIONAL NE DÉFEND PAS DES OPINIONS, MAIS LE DROIT DE LES EXPRIMER.

Elle reconnaît que les droits de l'être humain sont indivisibles et interdépendants, et œuvre dans ce sens à leur promotion, tels qu'ils sont énoncés dans la Déclaration universelle des droits de l'homme de 1948 et autres traités internationaux.

Depuis bientôt quarante ans, des millions de lettres, de télégrammes, de cartes postales sont parvenus aux gouvernements des pays où hommes, femmes et enfants sont victimes de violations des droits de l'homme.

Depuis près de quarante ans, le mouvement a gagné le respect de millions de personnes dans le monde entier, par un combat constant, sa crédibilité et son indépendance politique, économique et idéologique.

Mais le monde bouge et la lutte contre les violations ne suffit pas à assurer l'avenir des droits de l'homme. Elle doit s'appuyer sur une action à long terme : l'éducation aux droits de l'homme.

Amnesty prix Nobel

Prix Nobel de la paix 1977, Amnesty International est dotée d'un statut consultatif auprès du Conseil économique et social des Nations unies, de l'Unesco et du Conseil de l'Europe. Elle compte aujourd'hui plus de 1,1 million de membres et donateurs dans plus de cent cinquante pays et territoires, et des sections dans quarante-huit pays.

Pour soutenir l'action d'Amnesty

Vous pouvez écrire « une lettre, en termes mesurés et courtois, souligner qu'elle a pour objet uniquement la défense des droits de l'homme, l'adresser aux autorités par l'intermédiaire d'Amnesty International qui transmettra ».

Amnesty International

Section française :
4, rue de la Pierre-Levée
75553 Paris cedex 11
Tél. : 01 49 23 11 11
Fax : 01 43 38 26 15
Minitel : 3615 Amnesty

À partir de septembre 1999 :
76, bd de la Villette
75940 Paris Cedex 19
Tél. : 01 53 38 65 65
Fax : 01 53 38 55 00
Internet : http ://www.amnesty.org

Secrétariat international :
1, Easton Street
London WC IX 8DJ
Tél. : 44 71 41 355 00

Dans la même collection

Ciudad Guatemala, 17 mai
Louis Aubert

Entre guerre et misère : les esclaves aujourd'hui
Marie Agnès Combesque

Un jour en Ukraine. Famine : l'arme des tyrans
Muriel Pernin

La torture: des témoins contre le silence
Bertrand Solet

Le Cocalero. Drogue aux deux bouts de la chaîne
Marie Agnès Combesque

Les réfugiés du bâtiment A. Réfugiés : le droit d'asile menacé
Gérard Dhôtel

Prich, l'enfant blessé. Une mine = une vie amputée
Reine-Marguerite Bayle

Territoire interdit. Boucs émissaires : les sans-papiers
Emmanuelle Heidsieck

Génocide, l'Arménie oubliée
Muriel Pernin

Lao, Wee et Arusha : enfants prostitués en Asie
Franck Pavloff

Nakusha, l'indésirable. Femmes d'Asie opprimées
Laurence Binet

Souviens-toi Akeza ! Les enfants rwandais dans la guerre
Reine-Marguerite Bayle

Achevé d'imprimer en France sur Cameron
par Bussière Camedan Imprimeries
à Saint-Amand-Montrond
Dépôt légal : mai 1999
N° d'impression : 992258/1